ANGELO CHIUCHIÙ - FAUSTO MINCIARELLI - MARCELLO SILVESTRINI

in italiano

corso multimediale di lingua e civiltà a livello elementare e avanzato

1

Max Hueber Verlag

5. 4. | Die letzten Ziffern
1998 97 96 | bezeichnen Zahl und Jahr des Druckes.
Alle Drucke dieser Auflage können, da unverändert,
nebeneinander benutzt werden.
1. Auflage

Zeichnungen: Moreno Chiacchiera
Gesamtherstellung: Guerra, Perugia
Printed in Italy
ISBN 3–19–005162-3

Premessa

FORME E DIMENSIONI DELLA MULTIMEDIALITÀ

*Questo, che presentiamo, è il **PRIMO CORSO MULTIMEDIALE** di lingua e civiltà a livello elementare ed avanzato per l'insegnamento-apprendimento dell'italiano come lingua straniera.*

*In glottodidattica, lavorare per la **multimedialità** equivale, secondo noi, a: pensare, progettare, realizzare e sperimentare materiali linguistici, che, nel rispetto della coerenza metodologica, ai fini dell'utilizzazione, attingano anche alle risorse della **tecnologia** e alle intuizioni delle **scienze della comunicazione** (cibernetica, semiotica, etnografia, teoria matematica dell'informazione, informatica). E proprio questa impostazione dell'attività di ricerca e di sperimentazione sembra segnare il riscatto della didattica delle lingue dalla posizione di subalternità rispetto a filosofia, pedagogia ed altre discipline.*

Questo corso ha origine da una duplice fonte di informazioni e verifiche.

Nasce dagli stimoli, i suggerimenti, le obiezioni che gli autori hanno raccolto dal rapporto diretto con colleghi insegnanti di lingua italiana nel mondo, durante i corsi di aggiornamento dagli stessi tenuti presso l'Università Italiana per Stranieri di Perugia e altrove.

E nasce, altresì, dalla diretta e più che decennale esperienza maturata nei corsi di italiano L2 con migliaia di studenti stranieri, corsi nei quali la dottrina, le intuizioni, i progetti dei più affermati esperti di glottodidattica (Palmer, Skinner, Chomsky, Wilkins, Titone, Freddi, D'Addio, Arcaini, Van Ek, Trim, Kuhn, Roulet ed altri) hanno avuto debita sperimentazione e verifica.

Gli autori, attenti nel cogliere quanto c'è di più efficace e stimolante nelle varie impostazioni metodologiche, rifiutano, per convinzione, sia gli estremi del piatto grammaticalismo, come l'avventura del modernismo ad ogni costo. Sicché l'impostazione, i momenti, i ritmi dell'Unità Didattica, prima di venir tradotti graficamente, sono stati, ripetutamente e con rigore critico, sperimentati e verificati nei tramiti, negli obiettivi e nelle acquisizioni linguistiche.

*Sono parte integrante del corso e ne caratterizzano la **multimedialità**:*

1. *questo **testo base "In Italiano"**;*
2. *quattro **audiocassette** con i dialoghi sonorizzati;*
3. *sei **videocassette** commissionate dalla Presidenza del Consiglio dei Ministri e realizzate dalla Rai-Radiotelevisione Italiana, che presentano 26 unità;*
4. ***dischetti per il personal computer** per la verifica della comprensione, per il lavoro testuale, la creatività, il role-playing;*
5. ***manuale per il laboratorio linguistico**, corredato da cassette di registrazione e sonorizzazione integrale di tutte le batterie di esercizi (400, per un totale di circa 2.500 frasi di lingua viva, in situazione) e pratiche di fissaggio;*
6. ***supplementi in varie lingue** per l'analisi contrastiva. Manuali separati che mettono a confronto italiano-inglese, italiano-tedesco, italiano-spagnolo, italiano-francese, italiano-greco.*
7. ***test** periodici e finali per la verifica e il controllo.*

FRUITORI E FINALITÀ DEL CORSO

I destinatari di questo corso sono coloro che intendono avvicinarsi alla lingua e alla cultura italiana sprovvisti di ogni preparazione in merito, i quali troveranno una materia rigorosamente graduata, che muove da strutture semplici e facilmente decodificabili.

Sono altresì destinatari quegli studenti che, in possesso di discreti elementi di base, avranno l'opportunità di rivedere e riorganizzare quanto appreso, fino a pervenire all'acquisizione di strutture complesse perfettamente interiorizzate.

*Si fornisce all'allievo e all'insegnante **materiale linguistico autentico,** strutturalmente* *graduato ed integrato.*

Si consente allo studente di lavorare con un solo volume che al contempo possa fungere da:

- ***testo per il laboratorio linguistico*** *(drill per il fissaggio delle strutture morfo-sintattiche);*
- ***sinossi grammaticale*** *(tavole di sintesi grammaticale);*
- ***rubrica per il lessico*** *("occhio alla lingua!");*
- ***compendio*** *di spunti e stimoli* ***per la conversazione*** *(funzioni, atti comunicativi, momento creativo);*
- ***raccolta*** *di pratiche* ***per il testing*** *(esercizi di reimpiego e controllo).*
- ***avviamento alla composizione scritta*** *(domande personalizzate, lettere, temi, riassunto guidato).*

Si offre all'insegnante la possibilità di condurre tutta l'attività didattica in lingua italiana, nella certezza di essere compreso, senza il sussidio della traduzione.

Si procede attraverso unità o strategie comunicative e, quando sono con queste conciliabili, si introducono categorie nozionali/funzionali del linguaggio secondo l'opzione glottodidattica del Consiglio d'Europa nel ***Livello Soglia.*** *Muovendo perciò da un approccio comunicativo-situazionale, che tenga conto delle conoscenze e delle abilità operative sul versante del linguaggio verbale, si evidenziano le strutture di base e si conduce l'allievo ad una pratica di comportamenti grammaticali che ne orientino gli atti linguistici con precisione e coerenza.*

Si parte sempre dai bisogni comunicativi più elementari, che sostengano e gratifichino il discente in modo spontaneo nel suo habitat normale: saluto, identificazione individuale, commiato, ringraziamento, domanda e risposta su informazioni relative al mondo circostante (vale a dire casa, famiglia, città, lavoro, uffici, servizi) fino ad allargare e approfondire la portata degli atti comunicativi in situazioni esistenziali più ampie e complesse.

Inoltre, attraverso il dialogo introduttivo, pre-registrato e corredato di immagini che ne agevolano la comprensione, attraverso il fissaggio delle strutture, il lavoro sul testo, la sintesi grammaticale, gli esercizi di reimpiego e controllo con chiavi, lo studente può realizzare un intervento individuale di ***autoapprendimento*** *e* ***autocorrezione.***

DESCRIZIONE DEL CORSO

La materia è divisa in *24 Unità Didattiche* rispondenti a questi principali requisiti:

- *scelta* di soggetti omogenei per difficoltà ed impegno;
- *strutturazione rigorosa* delle strategie e delle operazioni nel processo di insegnamento/apprendimento;
- *trattazione completa ed esauriente* degli aspetti di lingua e civiltà che si intendono proporre;
- *disposizione in sequenze* di operazioni didattiche coerenti, debitamente finalizzate e facilmente praticabili;
- *controllo scientifico* dell'elemento linguistico, realizzato attraverso il *Personal Computer Olivetti M24.*

All'interno di ogni Unità Didattica (la 'teaching unit', nata in USA nel Piano Dalton e nelle aule di Winnetka, perfezionata da H.C. Morrison, oggi riconosciuta, a giudizio unanime, valida come modello operativo) sono individuabili sei momenti ben precisi:

1. **presentazione del dialogo;**
2. **sfruttamento del dialogo;**
3. **fissaggio del materiale linguistico e trasposizione ad altre situazioni;**

4. **osservazioni grammaticali e lessicali;**
5. **esercizi di libero reimpiego e creativi;**
6. **verifica dei risultati conseguiti.**

FASI DELL'UNITÀ DIDATTICA

Ogni Unità Didattica è così strutturata:

Brano introduttivo, quasi sempre in forma dialogica. Trattasi per lo più di momenti di vita colti nel loro manifestarsi e sempre legati alla realtà, al costume, alla cultura, al sentire italiano.

L'operazione comprende sequenze che presentano le nuove strutture e i contenuti lessicali che s'intende introdurre, con l'impegno di attivare la motivazione e destare, sul piano psicologico, interesse e coinvolgimento.

Il lessico, sulla scorta delle liste di frequenza e del vocabolario di base, debitamente integrato per esigenze specifiche, è stato rigorosamente verificato con il Personal Computer Olivetti M24.

Il testo segmentato in strutture significative, illustrato da vignette appropriate, crea la sintesi di **canali auditivi e visivi** che, entrando in interazione, consentono di privilegiare, sul piano psicologico, la motivazione e la globalità che sono alla base del metodo induttivo.

Comprendere. Una serie di interventi per comprendere e penetrare il testo, attraverso pratiche di scelta multipla, vero o falso e il consueto questionario, consentono all'utente la possibilità di individuare quali abilità linguistiche sarà condotto ad acquisire nel lavoro successivo.

Fissare le strutture. Indurre o fissare le strutture vuol dire estrapolarle dal testo di lingua, ormai ben penetrato, per osservarne e metterne a fuoco gli schemi organizzativi (Freddi). E questa acquisizione induttiva di elementi grammaticali si perfeziona attraverso convenienti esercizi di fissazione.

Lavorare sul testo. Vi sono programmati una varietà ordinata e gerarchica di esercizi che, sugli stimoli e le suggestioni indotte dall'uso degli automatismi previsti nel fissaggio delle strutture, ha lo scopo di consentire la manipolazione e un primo intervento diretto dell'allievo sui fenomeni linguistici attraverso operazioni quali completare, riordinare, combinare, fare domande, ecc.

C'è in questa sezione già un'istanza di reimpiego guidato, teso a superare i condizionamenti dello schema iniziale, in favore della originalità e creatività.

Sintesi grammaticale. Presenta in **scatole** o **tavole** (secondo la tecnica ormai a lungo sperimentata dal Palmer fin dal 1916), in forma chiara e sintetica, i fenomeni grammaticali in contesti di larga frequenza.

La presentazione e la evoluzione di siffatte scatole procede secondo uno schema di sviluppo concatenato a spirale, attraverso microsistemi autonomi e onnicomprensivi.

Occhio alla lingua! A metà strada tra il creativo e il normativo, comprende due sezioni di rilievo:

il lessico, che riprende e sviluppa i suggerimenti, i modi dire, le espressioni idiomatiche, gli intercalari, i connettivi e certi particolari elementi linguistici, che quasi mai, per importanti e significativi che siano, i testi si peritano di trattare;

le funzioni. Settore nel quale, riferendosi sempre alle situazioni contenute nei testi introduttivi, gli autori hanno identificato alcune funzioni linguistiche, con accanto i corrispondenti indicatori o atti comunicativi.

L'insegnante potrà utilizzarle con la sua classe, inserendole via via in situazioni e contesti diversi che simulerà attraverso drammatizzazioni.

Nella scelta delle differenti funzioni e delle relative realizzazioni linguistiche, si tiene conto del repertorio costituente il **Livello Soglia** già citato, che Nora Galli De' Paratesi ha realizzato per la lingua italiana; ma gli autori se ne discostano per quel tanto che la loro esperienza didattica ha consigliato, al fine di dare una consistente scorta di materiale, pur sempre nel rispetto dei criteri di frequenza.

Momento creativo. L'allievo viene posto in grado di agire in modo libero e autonomo, di confrontarsi con quanto ha filtrato e interiorizzato.

È uno stadio particolarmente gratificante dell'Unità Didattica. Tutti gli studenti traggono stimoli ed incentivi verso la prosecuzione dello studio di una lingua, se si sentono immediatamente in grado di riprodurre e reimpiegare in altri contesti quanto hanno acquisito.

Questa sezione tende appunto alla trasposizione immediata e rapida dei materiali attraverso la riproposta di situazioni, il riferimento personale di fatti ed esperienze, la trascrizione di vicende più o meno simulate, ma sempre realistiche e coinvolgenti.

L'attività creativa, in questa fase, si evolve per il tramite di esercizi di produzione guidata, con il libero completamento di enunciati, con la riesposizione orale o scritta in forma narrativa del dialogo introduttivo (dopo la eventuale dettatura da parte dell'insegnante), attraverso operazioni di dicto-comp, con lo svolgimento di temi e composizione di lettere su traccia.

Elementi di civiltà. Uno spaccato di autentica vita italiana. Il titolo del corso IN ITALIANO è tributario, in parte, di questo settore. La ragione sta nel fatto che la grande 'richiesta di Italia' che si sviluppa oggi nel mondo, è traducibile in elementi di civiltà italiana, cioè in pensare, cantare, lavorare, vestirsi, mangiare, costruire, in una parola: "vivere in italiano", non meno che parlare, leggere, scrivere in italiano.

Ha l'obiettivo di ricreare, in ogni parte del mondo, anche la più remota, un "lembo extraterritoriale" dell'Italia. Curiosando, così, tra le fotografie dei personaggi e dei paesaggi, dei costumi e delle tradizioni, dei ritmi di vita e degli schemi tipici, delle risorse umane e spirituali e delle conquiste tecnologiche, ci si rende conto che tutto concorre a parlare dell'Italia e ad incidere sul piano emotivo e motivazionale.

In tale condizionamento psicologico si realizza l'interazione dell'abilità linguistica con quella sociolinguistica, come pure con quella comunicativa (Freddi).

Test di reimpiego e controllo. È lo stadio finale che intende offrire all'insegnante e al discente la cognizione reale di quel quadro di sintesi risultante dal lavoro di fissaggio delle strutture morfo-sintattiche e delle forme lessicali indotte, dal loro debito reimpiego, nonché dalla omogenea interiorizzazione delle medesime.

Alcune canzoni popolari e di successo introdotte nel corso, con relative note musicali e con la proposta del testo poetico, non hanno soltanto finalità di relax, di pausa gradevole e accattivante, ma concorrono a dare uno spaccato di lingua e di vita e sono, in ultima analisi, un'offerta di 'italiano in versi'.

Gli Autori

INDICE GENERALE VOLUME 1

INDICE GENERALE VOLUME 2

ESSERE - indicativo presente

in treno

I

Marianne e Paul *sono* stranieri. Marianne *è* una ragazza svizzera, Paul *è* un ragazzo americano; lei *è* di Zurigo, lui *è* di Boston. I due ragazzi *sono* in treno.

Paul:
Scusi, signora, *è* libero il posto?

Signora:
Sì, *sono* tutti e due liberi. Prego!

Marianne:
Bene. Grazie.

Signora:
Voi non *siete* italiani, *siete* stranieri, *è* vero?

Paul:
Sì, *siamo* stranieri. Io *sono* americano, *sono* di Boston.

Signora:
E Lei, signorina, anche Lei *è* americana?

Marianne:
No, non *sono* americana, ma svizzera: *sono* di Zurigo.

Signora:
Perché *siete* in Italia?

Paul:
Noi *siamo* in Italia per studiare la lingua italiana.

Signora:
Siete in Italia per la prima volta?

Marianne:
Paul sì, *è* in Italia per la prima volta; io, invece, *sono* spesso qui in vacanza o per lavoro.

. . . . .

(Ora il treno *è* a Firenze)

Marianne:
ArrivederLa, signora. Ah, io mi chiamo Marianne Pulz e lui *è* Paul Lee. Lei come si chiama, signora?

Signora:
Piacere! Io mi chiamo Sandra Rivelli. Arrivederci... e auguri!

I COMPRENDERE

1. Scelta multipla

1. Marianne è una ragazza	☐ italiana ☒ svizzera ☐ americana
2. Paul è un ragazzo	☐ brasiliano ☐ argentino ☒ americano
3. Marianne è	☐ di Milano ☒ di Zurigo ☐ di New York
4. Paul è	☐ di Buenos Aires ☐ di Rio de Janeiro ☒ di Boston
5. I due ragazzi sono	☒ in treno ☐ in autobus ☐ in aereo
6. I due ragazzi sono in Italia	☐ per viaggiare ☒ per studiare ☐ per lavorare
7. Paul è in Italia	☒ per la prima volta ☐ per la seconda volta ☐ per la terza volta
8. La signora si chiama	☐ Giovanna ☐ Sabina ☒ Sandra

2. Questionario

1. *Chi* sono Marianne e Paul?
2. *Chi* è Marianne?
3. *Chi* è Paul?
4. *Chi* è di Zurigo?
5. *Di dove* è lui?
6. *Dove* sono?
7. È americana Marianne?
8. *Perché* Marianne e Paul sono in Italia?
9. *Chi* è in Italia per la prima volta?
10. *Perché* Marianne è spesso in Italia?
11. *Dove* è il treno ora?
12. *Come* si chiama la signora?

3. Rispondere

1. Chi è Marianne? *(svizzera)* — È una ragazza svizzera.
2. Chi è Laura? *(italiana)* È una ragazza italiana.
3. Chi è Olga? *(russa)* È una ragazza russa.
4. Chi è Carmen? *(spagnola)* È una ragazza spagnola.

4. Rispondere

1. Chi è Paul? *(americano)* — È un ragazzo americano.
2. Chi è Marco? *(italiano)* È un ragazzo italiano.
3. Chi è Sergio? *(russo)* È un ragazzo russo.
4. Chi è Nicola? *(greco)* È un ragazzo greco.

5. Rispondere

Wer sind M. e S.?

1. Chi sono Marianne e Sabine? *(svizzere)* — Sono (delle) ragazze svizzere.
2. Chi sono Laura e Chiara? *(italiane)* Sono ragazze italiane
3. Chi sono Olga e Alessia? *(russe)* Sono ragazze russe
4. Chi sono Carmen e Dolores? *(spagnole)* Sono ragazze spagnole

— Per favore, un biglietto per Roma, andata e ritorno, seconda classe!

6. Rispondere

1. Chi sono Paul e John? *(americani)* – Sono (dei) ragazzi americani.
2. Chi sono Marco e Gino? *(italiani)* Sono (dei) ragazzi italiani
3. Chi sono Sergio e Alessio? *(russi)* Sono (dei) ragazzi russi
4. Chi sono Marianne e Paul? *(stranieri)* Sono (dei) ~~ra~~ stranieri

7. Rispondere

1. (Lei) è straniero? – Sì, (io) sono straniero.
2. (Lei) è tedesco? Sì, sono tedesco.
3. (Lei) è spagnolo? Sì, sono spagnolo.
4. (Lei) è svizzero? Sì, sono svizzero.
5. (Lei) è argentina? – Sì, (io) sono argentina.
6. (Lei) è greca? Sì, sono greca.
7. (Lei) è turca? Sì, sono turca.
8. (Lei) è araba? Sì, sono araba.

8. Rispondere

1. (Voi) siete stranieri? – Sì, (noi) siamo stranieri.
2. (Voi) siete tedeschi? Sì, noi siamo tedeschi
3. (Voi) siete spagnoli? Sì, noi siamo spagnoli.
4. (Voi) siete svizzeri? Sì, noi siamo svizzeri
5. (Voi) siete argentine? – Sì, (noi) siamo argentine.
6. (Voi) siete greche? Sì, noi siamo greche.
7. (Voi) siete turche? Sì, noi siamo turche.
8. (Voi) siete arabe? Sì, noi siamo arabe.

il biglietto

9. Rispondere

1. (Tu) sei americanana? – Sì, (io) sono americana.
2. (Tu) sei italiana? Sì, io sono italiana
3. (Tu) sei iraniana? Sì, io sono iraniana.
4. (Tu) sei nigeriana? Sì, io sono nigeriana.
5. (Tu) sei iugoslavo? – Sì, (io) sono iugoslavo.
6. (Tu) sei australiano? Sì, io sono australiano.
7. (Tu) sei turco? Sì, io sono turco.
8 (Tu) sei polacco? Sì, io sono polacco.

10. Rispondere

1. Marianne è svizzera? – Sì, (lei) è svizzera.
2. Sofia è greca? Sì, lei è greca.
3. Pat è americana? Sì, lei è americana.
4. Karin è tedesca? Sì, lei è tedesca.
5. Richard è americano? – Sì, (lui) è americano.
6. Vassilios è greco? Sì, lui è greco.
7. Marco è italiano? Sì, lui è italiano.
8. Alessio è russo? Sì, lui è russo,

11. Completare

1. Io — — italiano, — americano. — Io non sono italiano, ma americano.
2. Io — — italiano, — tedesco.
3. Io — — italiano, — greco.
4. Io — — italiano, — argentino.
5. Tu — — italiana, — americana. — Tu non sei italiana, ma americana.
6. Tu — — italiana, — tedesca.
7. Tu — — italiana, — greca.
8. Tu — — italiana, — argentina.

12. Completare

1. Noi — — italiani, — argentini. — Noi non siamo italiani, ma argentini.
2. Noi — — italiani, — tedeschi.
3. Noi — — italiani, — siriani.
4. Noi — — italiani, — americani.
5. Voi — — greche, — turche. Voi non siete greche, ma turche.
6. Voi — — greche, — siriane.
7. Voi — — greche, — italiane.
8. Voi — — greche, — tedesche.

il facchino

13. Trasformare

1. La ragazza è straniera. — Le ragazze sono straniere.
2. La signora è seduta.
3. La segretaria è italiana.
4. Il ragazzo è americano. — I ragazzi sono americani.
5. Il posto è libero.
6. Il ragazzo è straniero.

14. Completare (con i verbi)

1. Marianne e Paul __________ due stranieri.
2. Marianne __________ una ragazza svizzera.
3. Paul __________ un ragazzo americano.
4. Lei __________ di Zurigo.
5. Lui __________ di Boston.
6. I due ragazzi __________ in treno.
7. Scusi, signora, __________ libero il posto?
8. Sì, __________ tutti e due liberi.
9. Voi non __________ italiani, __________ stranieri, è vero?
10. Sì, __________ stranieri. Io __________ americano, __________ di Boston.
11. Noi __________ in Italia per studiare la lingua italiana.
12. Paul __________ in Italia per la prima volta.
13. Voi __________ in Italia per la prima volta?
14. Io __________ spesso qui in Italia.
15. Ora il treno __________ a Firenze.
16. Io mi chiamo Marianne e lui __________ Paul Lee.

15. Completare (con i nomi)

1. Marianna è una __________ svizzera.
2. Paul è un __________ americano.
3. I due ragazzi sono in __________.
4. Scusi, __________, è libero il __________?
5. Noi siamo in Italia per studiare la __________ italiana.
6. Siete in Italia per la prima __________?
7. Io, invece, sono spesso qui in __________ o per __________.

le valigie

16. Completare (con le preposizioni)

1. Lei è ____________ Zurigo, lui è ____________ Boston.
2. I due ragazzi sono ____________ treno.
3. Perché siete ____________ Italia?
4. Io sono americano, sono ____________ Boston.
5. Io sono svizzera, sono ____________ Zurigo.
6. Noi siamo ____________ Italia ____________ studiare la lingua italiana.
7. Siete ____________ Italia ____________ la prima volta?
8. Paul sì, è ____________ Italia ____________ la prima volta.
9. Io, invece, sono spesso qui ____________ vacanza o ____________ lavoro.
10. Ora il treno è ____________ Firenze.

17. Completare (con gli articoli)

1. Marianne è ____________ ragazza svizzera.
2. Paul è ____________ ragazzo americano.

6 ROMA-FIRENZE-BOLOGNA-VENEZIA-(UDINE)-TRIESTE 6

	b		a c	f	▼ ×	◆ ×	× b ■	▲ b 1× [R]	b × ▼
ROMA T.NI .... p	0.35	....	2.36	a6.53	6.45	7.15	**7.40**	8.05	10.05
FIRENZE S.M.N. p	3.59	....	6.23	10.05	9.50	11.27	**10.33**	**13.44**	14.30
BOLOGNA C.LE p	6.00	7.30	8.12	11.59	11.10	14.07	13.05	**14.53**	16.00
FERRARA .... p	6.31	8.02	8.43	12.32	11.43	14.37	13.35	**15.20**	16.34
ROVIGO .... p	6.53	8.23	9.05	13.00	12.09	14.59	13.59	**15.39**	16.58
PADOVA .... a	7.38	8.50	9.54	13.44	12.46	15.35	14.41	**16.08**	17.40
VENEZIA S.L. ... a	8.14	9.27	10.26	14.24	13.28	16.12	15.16	**16.40**	18.15
UDINE .... a	*11.40*	*11.40*	*13.32*	*17.28*	15.05	*18.54*	*17.28*	*20.26*	22.08
TRIESTE C.LE .. a	*10.32*	*13.28*	*13.28*	17.16	*16.26*	*19.00*	*17.16*	*19.00*	*20.48*
	×	× 1 [R]	× d	× ◆	e ▼ ×	◆ × 1 [R]	□ f e	▼	◆
ROMA T.NI .... p	12.25	13.05	15.25	16.20	17.20	**17.45**	20.55	22.00	23.40
FIRENZE S.M.N. p	16.28	15.53	**18.33**	|	20.27	**20.40**	0.49	1.38	3.35
BOLOGNA C.LE p	18.13	17.18	20.12	21.01	22.01	22.23	2.40	3.11	5.12
FERRARA .... p	18.46	17.53	20.56	21.37	22.30	22.55	|	3.48	5.48
ROVIGO .... p	19.11	18.13	21.17	22.01	|	23.19	|	4.13	6.15
PADOVA .... a	19.45	18.35	21.53	22.32	23.22	23.54	4.00	4.44	6.57
VENEZIA S.L. ... a	20.22	19.15	22.30	23.08	0.14	0.38	5.22	5.37	7.40
UDINE .... a	*22.32*	20.55	*1.04*	|	1.40	....	*7.50*	8.54	*11.40*
TRIESTE C.LE .. a	23.22	20.48	....	*2.25*	*2.25*	....	*9.27*	7.40	10.32

l'orario ferroviario

18. Completare (con gli articoli)

1. ________ due ragazzi sono in treno.
2. Scusi, signora, è libero ________ posto?
3. Noi siamo in Italia per studiare ________ lingua italiana.
4. Siete in Italia per ________ prima volta?
5. Ora ________ treno è a Firenze.

19. Completare

1. ________, signora, è libero il posto?
2. Sì, sono tutti e due liberi. ________ !
3. ________. Grazie.
4. Voi non siete italiani, siete stranieri, è ________?
5. ________, signora. Ah, io mi chiamo Marianne Pulz e lui è Paul Lee. Lei come si chiama, ________?
6. ________! Io mi chiamo Sandra Rivelli. ________... e auguri!

20. Combinare le parti di frase

1. Marianne e Paul	è un ragazzo americano.
2. Marianne	sono due ragazzi stranieri.
3. Paul	è a Firenze.
4. Ora il treno	è una ragazza svizzera.

21. Combinare domanda e risposta

1. Scusi, è libero il posto?	– Per studiare la lingua italiana.
2. Siete stranieri, è vero?	– No, non sono americana.
3. Lei è americana?	– Sì, sono tutti e due liberi.
4. Perché siete in Italia?	– Sì, siamo stranieri.

22. Fare la domanda

1. Chi sono Marianne e Paul?	– Sono ragazzi stranieri.
2. ________?	– È una ragazza svizzera.
3. ________?	– È un ragazzo americano.
4. ________?	– Sono in treno.
5. ________?	– Sì, sono liberi.

I SINTESI GRAMMATICALE

NOMI E AGGETTIVI IN – **o**

singolare Einzahl männlich → plurale Mehrzahl männlich

Il	post**o**	è	liber**o**	⇨	**I**	post**i**	sono	liber**i**
	ragazz**o**		american**o**			ragazz**i**		american**i**

NOMI E AGGETTIVI IN – **a**

singolare Einzahl weiblich → plurale Mehrzahl weiblich

La	ragazz**a**	è	svizzer**a**	⇨	**Le**	ragazz**e**	sono	svizzer**e**
	signor**a**		italian**a**			signor**e**		italian**e**

ESSERE - indicativo presente

(io)	(non)	**sono**	di Zurigo di Boston a scuola a casa al bar al centro alla mensa alla posta in banca in segreteria in discoteca in treno in Italia in America a Perugia a Firenze
(tu)		**sei**	
Paolo Il ragazzo (lui) Marianne La signorina (lei) (Lei)		**è**	
(noi)		**siamo**	
(voi)		**siete**	
I ragazzi Le signorine (loro) (Loro)		**sono**	

Wer ist / Wer sind

CHI È? / CHI SONO?

Chi	è	Paul? lui?	Paul Lui	è	**un** ragazzo americano.
		Marianne? lei?	Marianne Lei		**una** ragazza svizzera.
		Lei?	Io	sono	**un** ragazzo americano. **una** ragazza americana.
	sono	Paul e Robert?	Paul e Robert	sono	**(dei)** ragazzi americani.
		Marianne e Pauline?	Marianne e Pauline		**(delle)** ragazze straniere.

Wo

DOVE È? / DOVE SONO?

Dove	è	il ragazzo? la ragazza? Paul? Marianne?	(Il ragazzo) (La ragazza) (Paul) (Marianne)	è	**in**	treno.
	sono	i ragazzi? le ragazze? Paul e Marianne?	(I ragazzi) (Le ragazze) (Paul e Marianne)	sono		Italia.

I OCCHIO ALLA LINGUA!

LESSICO

1. – Io sono italiano. *Anche tu* sei italiano?
   – Sì, *anch'io* (sono italiano).
2. – Io sono in Italia per studiare la lingua italiana. E tu?
   – *Anch'io* (sono in Italia per studiare la lingua italiana).

3. – Perché sei *in Italia*?
   – Sono *qui* per lavoro.
4. – Sei in Italia *per lavoro*?
   – Sì, sono qui *per questo*.
5. – Perché siete *a Firenze*?
   – Siamo *qui* in vacanza.
6. – Siete qui *in vacanza*?
   – Sì, siamo qui *per questo*

7. – È straniera la ragazza?
   – Sì, sono *tutte e due* straniere.
8. – Sono stranieri?
   – Eh sì, sono *tutti e due* stranieri.

1. – Per favore, *un biglietto* per Firenze.
2. – Sola *andata*?
   – No, *andata* e *ritorno*.
3. – *Prima* o *seconda classe*?
   – *Seconda classe*, grazie.
4. – *Il biglietto* è ventottomila lire. E settemila *il supplemento rapido*.
5. – Il treno è *diretto*?
   – No, Lei deve *cambiare* a Bologna.

FUNZIONI / ATTI COMUNICATIVI

FUNZIONI		ATTI COMUNICATIVI	
Interpellare		– Scusi, questo posto è libero? – Senta, sono liberi questi posti?	
Identificare	Chiedere e dire il nome	– Chi è Lei? – Chi sei tu?	- Sono Paul.
		– Come si chiama Lei? – Come ti chiami tu?	- Mi chiamo Paul.
	Chiedere notizie	– Di dove è Lei? – Di dove sei tu?	- Io sono di Boston.
	Presentare qualcuno	– Lui è Paul. – Lei è Marianne.	
	Rispondere alla presentazione	– Piacere! – Molto piacere! – Piacere, io sono Sandra Rivelli.	

Dettare il testo che segue

In treno

Paul è un ragazzo straniero: è americano, di Boston.
È la prima volta che è in Italia ed è qui per studiare l'italiano.
Anche Marianne è straniera, ma non è americana; è svizzera, di Zurigo.
Anche lei è qui per imparare la lingua italiana, necessaria per il suo lavoro.
I due ragazzi sono in treno, in viaggio per Firenze e parlano con una signora italiana.

23. Leggere attentamente il testo che precede e rispondere

1. Chi è Paul? — (Paul è) un ragazzo di americano
2. Di dove è? — (È) di Boston
3. È la prima o la seconda volta che è in Italia? — (È) la prima volta in Italia.
4. Perché è in Italia? — (È qui) in Italia per studiare la...
5. Marianne è americana? — No, (Marianne) è svizzera.
6. Paul è in Italia per imparare l'italiano; e Marianne? — (Marianne) è in Italia per lavoro
7. Dove sono i due ragazzi? — (I due ragazzi) sono in treno
8. Con chi parlano? — (Parlano) con la signora
9. È straniera la signora? — No, (la signora) non straniera.
10. Per dove sono in viaggio? — (Sono in viaggio) per a Firenze.

24. Domande personalizzate

1. Scusi, Lei è italiano/a?
2. Scusi, come si chiama Lei?
3. Scusi, di dove è Lei?
4. Scusi, perché è qui?

I ELEMENTI DI CIVILTÀ

L'Italia e le sue regioni.

L'ITALIA

L'Italia è una penisola.
L'Italia è limitata a Nord da Francia, Svizzera, Austria, Iugoslavia; a Ovest, a Sud, a Est dal Mediterraneo.
La Sicilia e la Sardegna sono isole italiane.

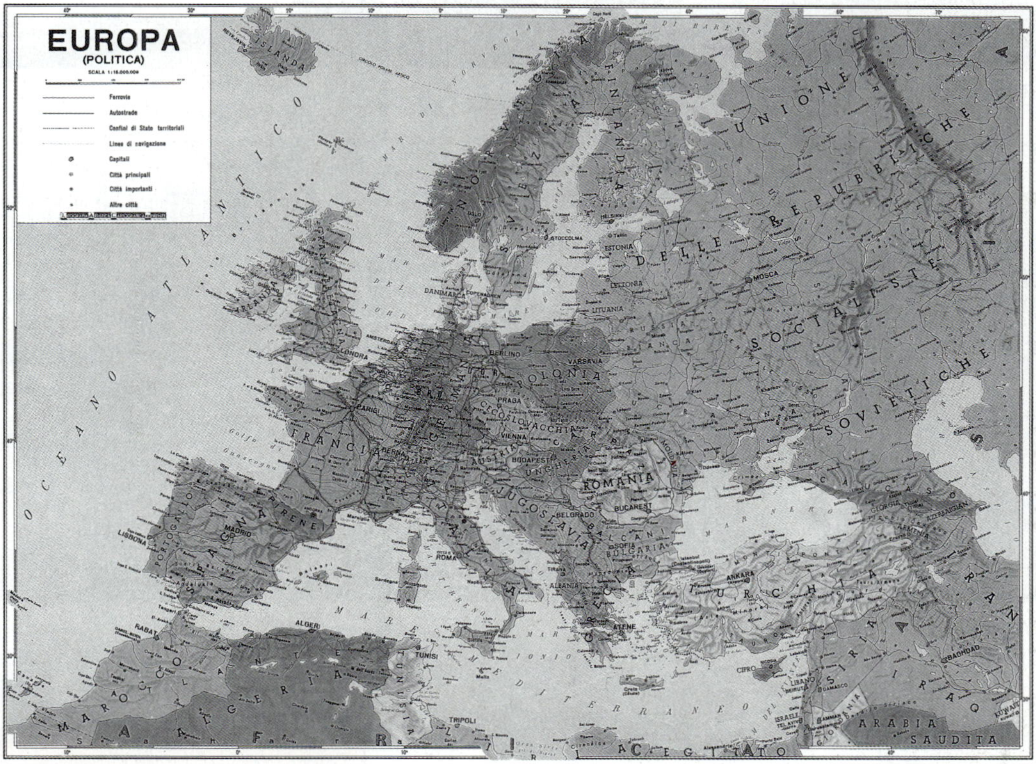

L'Europa e i suoi Stati.

25. Completare

1. L'Italia è una penisola
2. È limitata a Nord da Francia, Svizzera, Austria, Iugoslavia
3. L'Italia è limitata a Ovest, a Sud e a Est dal Mediterraneo
4. La Sicilia e la Sardegna sono isole italiane

Roma. Cupola di San Pietro e Castel Sant'Angelo.

Venezia. Ponte di Rialto.

Firenze. Santa Maria del Fiore,
Cupola del Brunelleschi.

L'ITALIA (DAL VIDEOCORSO)

L'Italia è una penisola.
A Nord: Francia, Svizzera, Austria, Jugoslavia.
A Ovest, a Sud, a Est: il Mare Mediterraneo.
La Sicilia e la Sardegna sono isole italiane.
La Sardegna.
La Sicilia.
Mar Ligure. Mar Tirreno. Mar Ionio, Mare Adriatico.

AVERE - indicativo presente

in segreteria

2

La signorina Daniela Blum è in fila davanti alla segreteria per l'iscrizione a un corso di italiano. Finalmente è il suo turno.

Daniela:
È permesso? Posso entrare?

Segretaria:
Prego, si accomodi! Lei è la signorina ...?

Daniela:
Daniela Blum. Grazie. Sono qui per frequentare un corso di italiano.

Segretaria:
Va bene. *Ha* un documento e quattro fotografie?

Daniela:
Sì, *ho* tutto: ecco il passaporto, le fotografie ...

Segretaria:
E questo che cos'è?

Daniela:
È l'indirizzo del mini-appartamento che *ho* in questa città.

Segretaria:
Ha anche il numero di telefono?

Daniela:
No, perché il telefono non ce l'*ho*.

Daniela:
E per la tassa?

Segretaria:
Lì, alla banca.

Daniela:
Senta, chi è il professore della mia classe?

Segretaria:
Per ogni classe ci sono due insegnanti. Dal lunedì al venerdì ci sono venti ore di lezione. Il sabato o la domenica c'è una escursione organizzata dalla scuola. E questo è per Lei.

Daniela:
Che cosa è?

Segretaria:
È un libretto dove c'è tutto: orario delle lezioni, delle visite guidate, nomi dei professori e altre informazioni utili.

Daniela:
Grazie, Lei è molto gentile.

2 COMPRENDERE

1. Scelta multipla

1. Daniela è
   - [ ] in classe
   - [x] in segreteria
   - [ ] in biblioteca

2. Daniela ha
   - [ ] una patente di guida
   - [ ] una carta di identità
   - [x] un passaporto

3. Daniela ha
   - [ ] una camera
   - [ ] una casa
   - [x] un mini-appartamento

4. Ogni settimana ci sono
   - [ ] sette ore di lezione
   - [x] venti ore di lezione
   - [ ] dieci ore di lezione

5. C'è lezione
   - [ ] ogni giorno
   - [ ] dal lunedì al mercoledì
   - [x] dal lunedì al venerdì

6. Il sabato o la domenica c'è
   - [ ] una lezione
   - [x] una escursione
   - [ ] un concerto

7. La segretaria è
   - [ ] straniera
   - [x] gentile
   - [ ] bella

8. Nel libretto c'è l'orario
   - [ ] degli autobus
   - [ ] dei ristoranti
   - [x] delle lezioni

2. Questionario

1. *Dove* è Daniela?
2. *Perché* è in segreteria?
3. *Che cosa* domanda Daniela?
4. *Che cosa* ha Daniela?
5. *Perché* Daniela non ha il numero di telefono?
6. *Quanti* insegnanti ci sono per ogni classe?
7. *Quante* ore di lezione ci sono dal lunedì al venerdì?
8. *Che cosa* c'è il sabato o la domenica?
9. *Da chi* è organizzata l'escursione?
10. *Che cosa* c'è nel libretto?

3. Rispondere

1. Lei ha un documento? — Sì, ce l'ho.
2. Lei ha una borsa? Sì, ce l'ho
3. Lei ha una fotografia? Sì, ce l'ho
4. Lei ha una tessera? Ausweis Sì, ce l'ho
5. Lei ha un appartamento? Sì, ce l'ho
6. Lei ha un orario dei treni? Zugfahrplan Sì, ce l'ho

4. Rispondere

1. Voi avete il permesso di soggiorno? — Sì, ce l'abbiamo.
2. Voi avete il numero di telefono di Paolo? Sì, ce l'abbiamo.
3. Voi avete l'indirizzo di Chiara? Adresse Sì, ce l'abbiamo
4. Voi avete la macchina? Sì, ce l'abbiamo.
5. Voi avete l'orario dei treni? Sì, ce l'abbiamo.
6. Voi avete il passaporto? Sì, ce l'abbiamo

5. Rispondere

1. Hai una sigaretta? — No, non ce l'ho.
2. Hai un fiammifero? Streichholz No, non ce l'ho.
3. Hai una matita? Bleistift No, non ce l'ho.
4. Hai un foglio? Blatt No, non ce l'ho.
5. Hai una penna? Kugelschreiber No, non ce l'ho.
6. Hai un francobollo? Briefmarke No, non ce l'ho.

la carta d'identità

6. Rispondere

1. Come è la stazione? *(moderna)* — La stazione è moderna.
2. Come è la trasmissione? *(brutta)* La trasmissione è brutta.
3. Come è la frase? *(lunga)* La frase è lunga.
4. Come è la lezione? *(bella)* La lezione è bella.
5. Come è la televisione? *(spenta)* La televisione è spenta
6. Come è la luce? *(accesa)* La luce è accesa.

7. Rispondere

1. È italiano il professore? — Sì, il professore è italiano.
2. È seduto il signore? Sì, il signore è seduto.
3. È nuovo il giornale? Sì, il giornale è nuovo.
4. È spento il televisore? Sì, il televisore è spento.
5. È chiuso il ristorante? Sì, il ristorante è chiuso.
6. È caldo il latte? Sì, il latte è caldo.

8. Trasformare

1. La stazione è piccola. — Le stazioni sono piccole.
2. La frase è lunga. Le frase sono lunghe.
3. La trasmissione è brutta. Le trasmissione sono brutte
4. La lezione è finita. Le lezione sono finite.
5. La televisione è spenta. Le televisione è spente.
6. La luce è accesa. Le luce è accese.

9. Trasformare

1. Il professore è italiano. — I professori sono italiani.
2. Il signore è seduto. I signori sono seduti
3. Il bicchiere è vuoto. I bicchieri sono vuoti
4. Il giornale è nuovo. I giornali sono nuovi
5. Il televisore è spento. I televisori sono spenti
6. Il ristorante è chiuso. I ristoranti sono chiu

10. Trasformare

Wand

1. La parete è verde. — Le pareti sono verdi.
2. La lezione è interessante. Le lezioni sono interessanti
3. La signora è francese. Le signore sono francesi
4. La segretaria è gentile. Le segretarie sono gentili
5. Il ristorante è grande. — I ristoranti sono grandi.
6. Il signore è inglese. I signori sono inglesi
7. Il corso è facile. I corsi sono facili.
8. Il ragazzo è intelligente. I ragazzi sono intelligenti

11. Rispondere

1. Dove è il libro? — Il libro è sul banco.
2. Dove è il giornale? ______
3. Dove è la penna? ______
4. Dove è la borsa? ______
5. Dove è il registro? — Il registro è nel cassetto.
6. Dove è il foglio? ______
7. Dove è la chiave? Schlüssel ______
8. Dove è la fotografia? ______

i soldi spiccioli sono nel portamonete

Kleingeld

12. Rispondere

1. Dove sono i giornali? — I giornali sono sulla sedia.
2. Dove sono i libri? ____________
3. Dove sono le penne? ____________
4. Dove sono le sigarette? ____________
5. Dove sono i fogli? — I fogli sono nella borsa.
6. Dove sono i documenti? ____________
7. Dove sono le chiavi? ____________
8. Dove sono le lettere? ____________

13. Rispondere

1. Che cosa c'è sul banco? *(un libro)* — Sul banco c'è un libro.
2. Che cosa c'è sul banco? *(un giornale)* ____________
3. Che cosa c'è sul banco? *(una penna)* ____________
4. Che cosa c'è sul banco? *(una borsa)* ____________

5. Che cosa c'è nel cassetto? *(un registro)* – Nel cassetto c'è un registro.
6. Che cosa c'è nel cassetto? *(un foglio)* ______________________
7. Che cosa c'è nel cassetto? *(una chiave)* ______________________
8. Che cosa c'è nel cassetto? *(una fotografia)* ______________________

14. Rispondere

1. Che cosa c'è sulla sedia? *(i giornali)* – Sulla sedia ci sono i giornali.
2. Che cosa c'è sulla sedia? *(i libri)* ______________________
3. Che cosa c'è sulla sedia? *(le penne)* ______________________
4. Che cosa c'è sulla sedia? *(le borse)* ______________________
5. Che cosa c'è nella borsa? *(i fogli)* – Nella borsa ci sono i fogli.
6. Che cosa c'è nella borsa? *(i documenti)* ______________________
7. Che cosa c'è nella borsa? *(le chiavi)* ______________________
8. Che cosa c'è nella borsa? *(le lettere)* ______________________

15. Rispondere

1. Che cosa c'è sul banco? – Sul banco non c'è niente (nulla).
2. Che cosa c'è sul tavolo? ______________________
3. Che cosa c'è nel cassetto? ______________________
4. Che cosa c'è nel vaso? ______________________
5. Che cosa c'è sulla sedia? – Sulla sedia non c'è niente (nulla).
6. Che cosa c'è sulla borsa? ______________________
7. Che cosa c'è nella borsa? ______________________
8. Che cosa c'è nella scatola? ______________________

2 LAVORARE SUL TESTO

16. Completare (con i verbi)

1. La signorina Daniela Blum ________ in fila davanti alla segreteria.
2. Finalmente ________ il suo turno.
3. Prego, si accomodi! Lei ________ la signorina ...
4. Va bene. ________ un documento e quattro fotografie?
5. Sì, ________ tutto. Ecco il passaporto, le fotografie...
6. E questo che cos'________? - ________ l'indirizzo del mini-appartamento che ________ in questa città.
7. ________ anche il numero di telefono?
8. No, perché il telefono non ce l'________.
9. Chi ________ il professore della mia classe? – Per ogni classe ci ________ due insegnanti.
10. Ci ________ venti ore di lezione dal lunedì al venerdì. Il sabato o la domenica c'________ una escursione organizzata dalla scuola.

l'edicola dei giornali all'angolo di via Garibaldi

17. Completare (con le preposizioni)

1. La signorina Daniela Blum è ________ fila davanti ________ segreteria ________ l'iscrizione ________ un corso ________ italiano.
2. Sono qui ________ frequentare un corso ________ italiano.
3. È l'indirizzo ________ mini-appartamento che ho ________ questa città.
4. Ha anche il numero ________ telefono?
5. E ________ la tassa? – Lì ________ banca.
6. ________ ogni classe ci sono due insegnanti. ________ lunedì ________ venerdì ci sono venti ore ________ lezione.
7. Chi è il professore ________ mia classe?
8. Il sabato o la domenica c'è una escursione organizzata ________ scuola.
9. E questo è ________ Lei.
10. È un libretto dove c'è tutto: orario ________ lezioni, ________ visite guidate, nomi ________ professori e altre informazioni utili.

18. Completare (con i nomi)

1. La _______________ Daniela Blum è in _______________ davanti alla segreteria per l'_______________ a un corso di _______________ .
2. Finalmente è il suo _______________.
3. È l'_______________ del mini-appartamento che ho in questa _______________ .
4. Per ogni _______________ ci sono due _______________ .
5. Dal lunedì al _______________ ci sono venti _______________ di lezione.
6. Il _______________ o la domenica c'è una _______________ organizzata dalla _______________ .
7. È un _______________ dove c'è tutto: orario delle _______________, delle _______________ guidate, nomi dei _______________ e altre _______________ utili.

19. Combinare domanda e risposta

1. È permesso? Posso entrare?	– Daniela Blum.
2. Ha un documento?	– Per ogni classe ci sono due insegnanti.
3. Chi è il professore?	– Sì, ho tutto.
4. E per la tassa?	– No, perché il telefono non ce l'ho.
5. Ha anche il numero di telefono?	– Lì, alla banca.
6. Lei è la signorina...?	– Prego, si accomodi!

20. Combinare le parti di frase

1. La signorina è in fila	tutte le informazioni utili.
2. Per ogni classe ci sono	due insegnanti.
3. Il sabato o la domenica	c'è una escursione.
4. Nel libretto ci sono	del mini-appartamento.
5. È l'indirizzo	davanti alla segreteria.
6. Ha anche il numero	di telefono?

21. Fare la domanda

1. Dove è Daniela?	– È in fila davanti alla segreteria.
2. _______________ ?	– Sono qui per frequentare un corso di italiano.
3. _______________ ?	– È l'indirizzo del mini-appartamento.
4. _______________ ?	– No, perché il telefono non ce l'ho.
5. _______________ ?	– Ci sono venti ore di lezione.
6. _______________ ?	– È un libretto dove c'è tutto.

2 SINTESI GRAMMATICALE

AVERE - indicativo presente

(io)		**ho**	una macchina nuova
(tu)		**hai**	una bella casa
Il ragazzo			un mini-appartamento
(lui)			molti amici
La signorina		**ha**	molti soldi
(lei)			molti problemi
(Lei)			molte amiche
(noi)	(non)	**abbiamo**	molte cose da fare
(voi)		**avete**	un documento e due fotografie
			il passaporto
Le signorine			tutto
I ragazzi		**hanno**	il numero telefonico di Daniela
(loro)			il permesso di soggiorno
(Loro)			venti ore di lezione ogni settimana

NOMI E AGGETTIVI IN – **e**

singolare				⇨	plurale			
Il	professor**e**	è	italian**o** / gentil**e**		**I**	professor**i**	sono	italian**i** / gentil**i**
La	stazion**e**		modern**a** / grand**e**		**Le**	stazion**i**		modern**e** / grand**i**

CHE COSA È? / CHE COSA SONO?

Che cosa	è?
	sono?

È	il libro di Daniela. la chiave del cassetto. un passaporto. una matita.
Sono	i libri di Daniela. le chiavi del cassetto. (dei) passaporti. (delle) matite.

C'È - CI SONO - SUL/SULLA - NEL/NELLA

Che cosa	c'è	**sul** banco?
Che		**sulla** sedia?
		nel cassetto?
Cosa		**nella** borsa?

C'è	un	libro. giornale.
	una	fotografia. chiave.
Ci sono	(dei)	fogli. giornali.
	(delle)	fotografie. chiavi.
Non **c'è**	niente. nulla.	

I GIORNI DELLA SETTIMANA

Che giorno è oggi?

Oggi	è	lunedì. martedì. mercoledì. giovedì. venerdì. sabato. domenica.

2 OCCHIO ALLA LINGUA!

LESSICO

1. – Chi è il professore della mia classe?
   – *Ogni classe* ha due insegnanti.
2. – Quante ore di lezione ci sono?
   – *Ogni settimana* ci sono venti ore di lezione.
3. – Ha il passaporto?
   – *Ecco* il passaporto.
4. – E per il permesso di soggiorno?
   – *Ecco qui* l'ufficio di polizia.
5. – *Ecco fatto*, i documenti sono pronti.
6. – Questo *che cosa è*?
   – È l'indirizzo del mini-appartamento.
7. – Questi *che cosa sono*?
   – Sono i documenti.
8. – Ha il passaporto?
   – Sì, *ce l'ho*.
9. – Ha anche il numero di telefono?
   – No, perché il telefono *non ce l'ho*.

– Ha *il modello* della *domanda d'iscrizione*?
– Ecco il modello, signorina. Per *l'iscrizione* è necessario presentare in segreteria anche *la ricevuta* del pagamento della *tassa*.

FUNZIONI	ATTI COMUNICATIVI
Chiedere il permesso	– È permesso? – Posso entrare? – Posso sedermi? – Si può?
Concedere il permesso	– Avanti! – Prego! – Si accomodi / Accomodati!
Ringraziare	– Grazie! – Grazie tante! – Grazie mille!

Dettare il testo che segue

In segreteria

La signorina Daniela Blum è in fila davanti alla segreteria per l'iscrizione a un corso di italiano.

Ha nella borsa i documenti, le fotografie, il passaporto e l'indirizzo del suo mini-appartamento.

Per avere la tessera è necessario il permesso di soggiorno e pagare la tassa di iscrizione.

Per ogni classe ci sono due insegnanti e ogni settimana, dal lunedì al venerdì, ci sono venti ore di lezione.

Il sabato o la domenica c'è una escursione organizzata dalla scuola.

Nel libretto, poi, ci sono tutte le altre informazioni utili.

22. Leggere attentamente il testo che precede e poi scrivere le risposte

1. Dove è Daniela Blum?
   — ____________________
2. Perché è davanti alla segreteria?
   — ____________________
3. Che cosa ha nella borsa?
   — ____________________
4. Che cosa è necessario per avere la tessera?
   — ____________________
5. Per ogni classe, quanti insegnanti ci sono?
   — ____________________
6. Per ogni settimana, quante ore di lezione ci sono?
   — ____________________
7. Il sabato o la domenica, la scuola che cosa organizza?
   — ____________________
8. Che cosa c'è nel libretto?
   — ____________________

23. Domande personalizzate

1. Chi è Lei?
2. Di dove è Lei?
3. Perché è qui?
4. Ha un passaporto italiano?
5. Che cosa ha nella borsa?
6. Quante ore di lezione ha in una settimana?

L'Italia fisica.

L'ITALIA

L'Italia è una Repubblica con 56 milioni e mezzo di abitanti.

È divisa in venti regioni.

La capitale è Roma. Altre città importanti sono: Milano, Torino, Venezia, Bologna, Firenze, Napoli, Palermo.

È una penisola di 301.000 chilometri quadrati.

I Paesi di confine sono: la Iugoslavia, l'Austria, la Svizzera, la Francia.

I suoi mari: l'Adriatico, lo Ionio, il Tirreno, il Ligure.

Le isole maggiori sono: la Sicilia e la Sardegna.

I fiumi più importanti: il Po, il Tevere e l'Arno.

I monti: le Alpi e gli Appennini.

I laghi maggiori: il lago di Garda, il lago Trasimeno, il lago Maggiore e il lago di Como.

Bologna. Le due torri.

Venezia. Veduta aerea della città.

Roma. Trinità dei Monti.

L'ITALIA (DAL VIDEOCORSO)

L'Italia è divisa in venti regioni.
Roma è la capitale.
Altre città importanti sono: Milano, Torino, Venezia, Bologna, Firenze, Napoli, Palermo.
Ha una superficie di 301.000 chilometri quadrati.
Milano: il Duomo.
Torino: il Po, la Mole Antonelliana.
Venezia: Piazza San Marco, le gondole.
Firenze: San Miniato al Monte, il Battistero, il Campanile di Giotto.
I suoi mari: Adriatico, Ligure, Tirreno, Ionio.
Le isole maggiori sono: la Sicilia e la Sardegna.
I fiumi: il Po, l'Arno, il Tevere.
Il Po. Il Tevere. L'Arno.
I monti: Alpi, Appennini.
Alpi: il Monte Rosa.
Gli Appennini.
I laghi più importanti: Garda, Como, Maggiore, Trasimeno.
Il lago di Garda. Il lago Maggiore. Il lago di Como.

24. Questionario

1. Quanti sono gli abitanti dell'Italia?
2. Quante sono le regioni italiane?
3. Quale è la capitale dell'Italia?
4. Quali sono le città importanti in Italia?
5. Quali sono i Paesi di confine?
6. Quali sono i suoi mari?
7. Quali sono le isole maggiori?
8. Quali sono i fiumi?
9. Quali sono i monti?
10. Quali sono i laghi?

LE TRE CONIUGAZIONI - indicativo presente

un incontro

3

Mario, che *studia* all'università, *incontra* alla fermata dell'autobus un suo vecchio professore di scuola media.

Mario:
Buon giorno, Professore!

Professore:
Buon giorno...

Mario:
Non *ricorda*? Sono un suo vecchio allievo della terza C.

Professore:
Aspetta! ... Ah sì, ora *ricordo*, la famosa terza C ... Tu sei Volpi ... Mario Volpi. Come *stai*, Mario?

Mario:
Bene, grazie. E Lei? *Insegna* ancora nella stessa scuola?

Professore:
No, non *insegno* più. Sono in pensione da due anni. E tu che *fai*, *lavori*?

Mario:
No, sono studente universitario, *frequento* l'ultimo anno di medicina. Ho ancora un esame e la tesi di laurea per finire.

Professore:
Allora *studi* molto!

Mario:
È vero, professore. Non ho un minuto libero. La mattina sono sempre a lezione; il pomeriggio *passo* molte ore in ospedale o in biblioteca; la sera *esco* raramente. Invece di uscire con gli amici, *preferisco* restare a casa per preparare la tesi.

Professore:
Bravo, sono contento di sentire queste cose.

Mario:
E Lei, Professore, è sempre in mezzo ai libri?

Professore:
La mia vita, adesso, è un po' diversa da allora; ho più tempo per leggere, per rispondere alle lettere che *ricevo*, per viaggiare e per stare con i nipoti... Ma ecco, *arriva* l'autobus per il centro. *Prendi* anche tu questo?

Mario:
No, *aspetto* il numero ventidue per l'università. ArrivederLa, Professore!

Professore:
Ciao, ciao Mario!

---

1. Scelta multipla

1. Mario studia
   - ☐ all'estero
   - ☐ alla scuola media
   - ☒ all'università

2. Mario incontra
   - ☒ un suo vecchio professore
   - ☐ un amico
   - ☐ un conoscente

3. Il professore è
   - ☐ in vacanza
   - ☒ in pensione
   - ☐ in servizio alla scuola media

4. Mario frequenta la facoltà
   - ☐ di farmacia
   - ☒ di medicina
   - ☐ di architettura

5. Mario, al mattino, va
   - ☒ a lezione
   - ☐ in biblioteca
   - ☐ in ospedale

6. Mario, il pomeriggio, passa molte ore
   - ☒ in ospedale
   - ☐ al bar
   - ☐ al centro

7. Mario, la sera,
   - ☐ esce con gli amici
   - ☐ guarda la TV
   - ☒ prepara la sua tesi

8. Il professore ha più tempo per
   - ☐ scrivere libri
   - ☐ preparare le lezioni
   - ☒ viaggiare e stare con i nipoti

la fermata dell'autobus

2. Vero o Falso?

	V	F
1. Mario studia e lavora.	☐	☒
2. Mario legge il giornale alla fermata dell'autobus.	☐	☒
3. Il professore ricorda la classe terza C.	☒	☐
4. Il professore è in pensione da molti anni.	☐	☒
5. Mario è all'ultimo anno di medicina.	☒	☐
6. Ha ancora due esami e la tesi.	☐	☒
7. La sera esce poche volte con gli amici.	☒	☐
8. Il professore non viaggia molto.	☐	☒
9. Il professore prende l'autobus per il centro.	☒	☐
10. Mario invece prende l'autobus per tornare a casa.	☐	☒

il tesserino dell'autobus

il biglietto dell'autobus

3. Questionario

1. *Chi* incontra Mario?
2. *Dove* incontra il suo professore?
3. Il professore insegna ancora?
4. *Che cosa* fa Mario?
5. *Quale* facoltà frequenta?
6. *Dove* è Mario la mattina?
7. *Che cosa* fa il pomeriggio?
8. *Che cosa* fa la sera?
9. *Quale* autobus prende il professore?
10. *Quale* autobus aspetta Mario?

4. Rispondere

1. Chi saluti? *(il professore)* — Saluto il professore.
2. Cosa aspetti? *(l'autobus)* ______
3. Cosa prepari? *(la tesi)* ______
4. Dove studi? *(all'università)* ______
5. Dove lavori? *(in banca)* ______
6. Cosa guardi? *(la televisione)* ______

5. Trasformare

1. Mario aspetta l'autobus. — Mario e Gianni aspettano l'autobus.
2. Mario passa molte ore a casa. ______
3. Mario resta in biblioteca. ______
4. Mario parla di politica. ______
5. Mario incontra il professore. ______
6. Mario frequenta l'università. ______

6. Rispondere

1. Cosa aspettate? *(l'autobus)* — Aspettiamo l'autobus.
2. Chi salutate? *(il professore)* ______
3. Che cosa guardate? *(la televisione)* ______
4. Che cosa preparate? *(la tesi)* ______
5. Dove restate? *(a casa)* ______
6. Che cosa studiate? *(il francese)* ______

7. Rispondere

1. Cosa fa Mario? *(salutare il professore)* — Saluta il professore.
2. Cosa fa il professore? *(aspettare l'autobus)* ______
3. Cosa fa Mario? *(studiare medicina)* ______
4. Cosa fa il professore? *(viaggiare molto)* ______
5. Cosa fa Mario? *(preparare la tesi)* ______
6. Cosa fa il professore? *(guardare la televisione)* ______

8. Replicare

1. Mario scrive una lettera. — Anch'io scrivo una lettera.
2. Mario legge il giornale. ______________________
3. Mario riceve molte lettere. ______________________
4. Mario prende l'autobus. ______________________
5. Mario chiede un'informazione. ______________________
6. Mario beve una birra. ______________________

9. Rispondere

1. Che cosa scrivete? *(una lettera)* — Scriviamo una lettera.
2. Che cosa leggete? *(il giornale)* ______________________
3. A chi rispondete? *(al professore)* ______________________
4. Che cosa prendete? *(un tè)* ______________________
5. Che cosa bevete? *(una birra)* ______________________
6. Che cosa mettete? *(il cappotto)* ______________________

10. Trasformare

1. Mario legge il giornale. — Mario e Gianni leggono il giornale.
2. Mario scrive una lettera. ______________________
3. Mario prende l'autobus. ______________________
4. Mario risponde alle lettere. ______________________
5. Mario beve una birra. ______________________
6. Mario chiede un'informazione. ______________________

11. Rispondere

1. Che cosa apri? *(la finestra)* — Apro la finestra.
2. Cosa senti? *(un rumore)* ______________________
3. Per dove parti? *(per Firenze)* ______________________
4. Dove dormi? *(in albergo)* ______________________
5. Quando finisci? *(domani)* — Finisco domani.
6. Cosa capisci? *(tutto)* ______________________
7. Dove preferisci restare? *(a casa)* ______________________
8. Cosa spedisci? *(una lettera)* ______________________

12. Trasformare

1. Mario sente il rumore del traffico. — Mario e Gianni sentono il rumore del traffico.
2. Mario parte per Firenze. ____________
3. Mario dorme in albergo. ____________
4. Mario finisce di lavorare. ____________
5. Mario capisce il francese. ____________
6. Mario preferisce restare a casa. ____________

13. Rispondere

1. Aprite la porta? *(la finestra)* — No, non apriamo la porta, ma la finestra.
2. Sentite freddo? *(caldo)* ____________
3. Partite per Firenze? *(per Milano)* ____________
4. Dormite in albergo? *(in pensione)* ____________
5. Spedite una lettera? *(una cartolina)* ____________
6. Capite il francese? *(l'inglese)* ____________

14. Trasformare

1. Preparo la borsa, saluto ed esco. — Prepariamo la borsa, salutiamo ed usciamo.
2. Apro il pacchetto, prendo una sigaretta e fumo. ____________
3. Frequento l'università, studio medicina e passo molte ore in ospedale. ____________
4. Prendi la penna, apri il quaderno e scrivi. — Prendete la penna, aprite il quaderno e scrivete.
5. Esci con gli amici, guardi la televisione, preferisci viaggiare. ____________
6. Pensi al futuro, lavori molto prepari già la tesi. ____________

15. **Completetare** (con i verbi)

1. Mario che ________ all'università, ________ alla fermata dell'autobus, un suo vecchio professore.
2. Non ________? Sono un suo vecchio allievo della terza C.
3. Ah sì, ora ________, la famosa terza C... Tu ________ Volpi... Mario Volpi. Come ________, Mario?
4. Bene, grazie. E Lei? ________ ancora nella stessa scuola?
5. No, non ________ più. ________ in pensione da due anni. E tu che fai, ________?
6. No, ________ studente universitario, ________ l'ultimo anno di medicina.
7. Non ________ un minuto libero. La mattina ________ sempre a lezione; il pomeriggio ________ molte ore in ospedale; la sera ________ raramente. Invece di uscire con gli amici, ________ restare a casa.
8. Ma ecco, ________ l'autobus per il centro. ________ anche tu questo?
9. No, ________ il numero ventidue per l'università.

l'autobus

16. **Completare** (con le preposizioni)

1. Mario, che studia ________'università, incontra ________ fermata ________'autobus un suo vecchio professore ________ scuola media.
2. Non ricorda? Sono un suo vecchio allievo ________ terza C.
3. E Lei? Insegna sempre ________ stessa scuola?
4. No, non insegno più. Sono ________ pensione ________ due anni.
5. Sono studente universitario, frequento l'ultimo anno ________ medicina. Ho ancora un esame e la tesi ________ laurea ________ finire.
6. La mattina sono sempre ________ lezione; il pomeriggio passo molte ore ________ ospedale o ________ biblioteca; la sera, invece ________ uscire ________ gli amici, preferisco restare ________ casa ________ preparare la tesi.
7. Bravo, sono contento ________ sentire queste cose.
8. E Lei, professore, è sempre ________ mezzo ________ libri?
9. La mia vita, adesso, è un po' diversa ________ allora; ho più tempo ________ leggere, ________ rispondere ________ lettere che ricevo, ________ viaggiare e ________ stare ________ i nipoti. Ma ecco, arriva l'autobus ________ il centro.
10. Io aspetto il numero ventidue ________ l'università.

17. Completare (con gli articoli)

1. Mario incontra ______ suo vecchio professore di scuola media.
2. Non ricorda? Sono ______ suo vecchio allievo della terza C.
3. Aspetta! ... Ah sì, ora ricordo, ______ famosa terza C...
4. Io sono studente universitario, frequento ______'ultimo anno di medicina. Ho ancora ______ esame e ______ tesi di laurea per finire.
5. Non ho ______ minuto libero. ______ mattina sono sempre a lezione; ______ pomeriggio passo molte ore in ospedale o in biblioteca; ______ sera, invece di uscire con ______ amici, preferisco restare a casa.
6. Ho più tempo per viaggiare e per stare con ______ nipoti ... Ma ecco, arriva ______'autobus per ______ centro.
7. Io aspetto ______ numero ventidue per ______'università.

18. Riordinare le parti di frase

1. un suo vecchio professore
2. all'università,
3. di scuola media.
4. incontra
5. Mario, che studia
6. dell'autobus
7. alla fermata

l'apparecchio per timbrare il biglietto

19. Combinare domanda e risposta

1. Non ricorda? Sono un suo vecchio allievo della scuola media.
2. Insegna sempre nella stessa scuola?
3. E tu che fai, lavori?
4. E Lei, Professore, è sempre in mezzo ai libri?
5. Ecco, arriva l'autobus per il centro. Prendi anche tu questo?

— Non insegno più. Sono in pensione.

— Ah sì, ora ricordo, la famosa terza C... Tu sei Volpi...

— No, aspetto il numero ventidue.

— No, sono studente universitario.

— La mia vita, adesso, è un po' diversa da allora; ora ho più tempo per leggere.

20. Fare la domanda

1. Cosa aspettate? — Aspettiamo l'autobus.
2. ______________________ ? — Prendiamo un caffè.
3. ______________________ ? — Mangiamo una pizza.
4. ______________________ ? — Leggiamo il giornale.
5. ______________________ ? — Spediamo una lettera.
6. ______________________ ? — Prepariamo la tesi.

21. Fare la domanda

1. Chi studia medicina? — Mario studia medicina.
2. ______________________ ? — Mario scrive una lettera.
3. ______________________ ? — Mario preferisce restare a casa.
4. ______________________ ? — Mario prepara la tesi.
5. ______________________ ? — Mario la sera esce raramente.
6. ______________________ ? — Mario passa il pomeriggio in ospedale.
7. ______________________ ? — Mario aspetta il numero 22.

22. Fare la domanda

1. Dove mangi? — Mangio al ristorante.
2. ______________________ ? — Dormo in albergo stasera.
3. ______________________ ? — Vado al cinema.
4. ______________________ ? — Studio all'università.
5. ______________________ ? — Abito al centro.
6. ______________________ ? — Lavoro in banca.

3 SINTESI GRAMMATICALE

LE TRE CONIUGAZIONI: indicativo presente

ASPETT–ARE

(io)	(non)	aspett-**o**	un amico
(tu)		aspett-**i**	l'autobus
(lui/lei/Lei)		aspett-**a**	il treno
(noi)		aspett-**iamo**	una lettera
(voi)		aspett-**ate**	una telefonata
(loro/Loro)		aspett-**ano**	

Attenzione!

Verbi come: *man**giare*** ▶ (tu) *man**gi***
(noi) *man**giamo***

*comin**ciare*** ▶ (tu) *comin**ci***
(noi) *comin**ciamo***

PREND–ERE

(io)	(non)	prend-**o**	il treno
(tu)		prend-**i**	l'autobus
(lui/lei/Lei)		prend-**e**	un caffè
(noi)		prend-**iamo**	una birra
(voi)		prend-**ete**	
(loro/Loro)		prend-**ono**	

PART–IRE

(io)	(non)	part-**o**	oggi
(tu)		part-**i**	per Firenze
(lui/lei/Lei)		part-**e**	alle 15
(noi)		part-**iamo**	con il treno
(voi)		part-**ite**	con Antonio
(loro/Loro)		part-**ono**	

capire, preferire (vorziehen), spedire (schicken)

FIN-IRE

(io)	(non)	fin-**isc-o**	la lezione alle 12
(tu)		fin-**isc-i**	il lavoro
(lui/lei/Lei)		fin-**isc-e**	l'università
(noi)		fin-**iamo**	di studiare
(voi)		fin-**ite**	di scrivere
(loro/Loro)		fin-**isc-ono**	

l'autobus pieno di gente

ARTICOLI CON NOMI E AGGETTIVI MASCHILI CHE COMINCIANO PER VOCALE

singolare **l' / un**

l' / **un**	**a**mico **a**utobus **e**sercizio **e**same **i**ndirizzo **i**nsegnante **o**rario **o**spedale **u**fficio **u**omo

plurale **gli / (degli)**

gli / **(degli)**	**a**mici **a**utobus **e**sercizi **e**sami **i**ndirizzi **i**nsegnanti **o**rari **o**spedali **u**ffici **u**omini

Attenzione!

***lo** amico* ▸ ***l'**amico*

ARTICOLI CON NOMI E AGGETTIVI FEMMINILI CHE COMINCIANO PER VOCALE

singolare **l' / un'**

l'	**a**mica **a**ula **e**sperienza **e**scursione **i**scrizione **i**dea
un'	**o**pera **o**ra **u**niversità **u**scita

plurale **le / (delle)**

le	**a**miche **a**ule **e**sperienze **e**scursioni **i**scrizioni **i**dee
(delle)	**o**pere **o**re **u**niversità **u**scite

Attenzione!

la *amica* ▶ ***l'*** *amica*
una *amica* ▶ ***un'****amica*

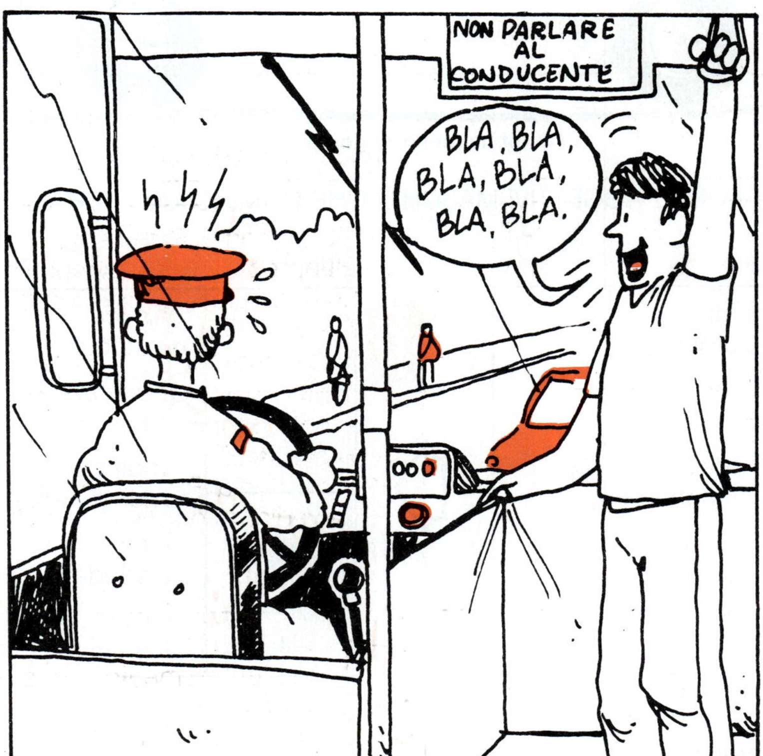

LESSICO

1. — Che cosa *fai*? Lavori?
   — No, frequento l'università. E Lei che cosa *fa*? Insegna ancora?
   — No, non insegno più, sono in pensione.
2. — Che cosa *facciamo* stasera?
   — Andiamo al cinema.
3. — Che cosa *fai* adesso?
   — Non vedi? *Faccio* gli esercizi per domani.
4. — Come *stai*, Mario?
   — Bene, grazie. E Lei?
   — Non c'è male, grazie.

1. — Che fa questo autobus? Non *ferma*?
   — *La fermata* è più avanti.
2. — Scusi, questo autobus *va al centro*?
   — No, signora, deve *prendere* il n. 36 per il centro.
3. — Per favore, vorrei *due biglietti* per l'autobus.
   — Non ce li ho, signora. *I biglietti* per l'autobus li vende il giornalaio.
4. — Scusi, dove devo scendere per l'ospedale?
   — È *la prossima fermata*, signore.
5. — Ecco, siamo quasi arrivati. Puoi *suonare il campanello*?
6. — C'è *il controllore*. Hai *timbrato* il biglietto?
   — Ho *l'abbonamento*.

FUNZIONI	ATTI COMUNICATIVI
Salutare e rispondere al saluto	— Buon giorno, Professore! — Buon pomeriggio, signor Rossi! — Buona sera, signora Rossi! — Ciao, Mario! — Salve, ragazzi!
Prendere commiato	— Ciao! — Arrivederci! — ArrivederLa, Professore! — Ci vediamo domani! — A domani! — A presto!
Sospendere la comunicazione	— Aspetta! — Aspetti un momento, signora! — Un momento! — Un attimo, per favore!

3 MOMENTO CREATIVO

Dettare il testo che segue

Un incontro

Mario è uno studente universitario, frequenta l'ultimo anno della facoltà di medicina.

Alla fermata dell'autobus, mentre aspetta il numero ventidue per l'università, incontra un suo vecchio professore di scuola media.

Il professore non insegna più, è in pensione; ora ha più tempo per scrivere, leggere, rispondere alle lettere, viaggiare e stare con i nipoti.

Lo studente e il professore fanno una breve conversazione e ricordano la vita di scuola e parlano della vita attuale.

23. Leggere attentamente il testo che precede e ripetere a libro chiuso

24. Fare una frase con le parole che seguono

1. Incontrare — ______________________
2. Insegnare — ______________________
3. Andare — ______________________
4. Preferire — ______________________
5. Guardare — ______________________
6. Rispondere — ______________________
7. Prendere — ______________________

25. Fare una frase con le parole che seguono

1. All'università — ______________________
2. Medicina — ______________________
3. In pensione — ______________________
4. In biblioteca — ______________________
5. Ultimo anno — ______________________
6. Passo molte ore — ______________________
7. Sono contento di — ______________________
8. Lettere — ______________________

26. Domande personalizzate

1. Lei, cosa studia? – ____________________
2. Perché? – ____________________
3. Dove mangia? – ____________________
4. Dove abita? – ____________________
5. Cosa fa il mattino? – ____________________
6. Cosa fa il pomeriggio? – ____________________
7. Cosa fa la sera? – ____________________
8. Cosa fa il fine settimana? – ____________________

27. Per la composizione scritta

1. Parli del tempo libero.
2. In una lettera ad un amico descriva una giornata a scuola.

il capolinea

ROMA

Roma, città di storia, di arte e di tradizione, è la capitale d'Italia.

Ha circa tre milioni di abitanti.

Sede del Parlamento Nazionale (Montecitorio e Palazzo Madama), e del Governo (Palazzo Chigi), è il centro della vita politica italiana.

Migliaia di turisti di ogni parte del mondo sono ogni anno a Roma per visitare i suoi monumenti più celebri: il Colosseo, Piazza San Pietro, La Fontana di Trevi, Il Foro Romano, Trinità dei Monti, ecc.

Roma. Altare della Patria.

ROMA (DAL VIDEOCORSO)

Roma, città di storia, di arte e di tradizione, è la capitale d'Italia. Ha circa tre milioni di abitanti. Sede del Parlamento Nazionale: Montecitorio. Palazzo Madama, Palazzo Chigi.
Il Quirinale, residenza del Presidente della Repubblica.
Il Campidoglio, dove ha sede il Comune di Roma.
Migliaia di turisti da ogni parte del mondo sono ogni anno a Roma per visitare i suoi monumenti più celebri: Piazza Navona, il Foro Romano, il Teatro Marcello, Trinità dei Monti, Piazza di Spagna.
Il Colosseo. È forse il monumento più famoso di Roma. Costruito dall'imperatore Vespasiano e dal figlio Tito, ha duemila anni di vita. È lungo 156 metri, alto circa 50.
È il simbolo dell'eternità di Roma.
La Fontana di Trevi. È una delle più belle fontane di Roma e fra le più celebri del mondo. Secondo una tradizione popolare, i turisti che gettano una moneta nella fontana sono sicuri di tornare ancora a Roma.
Piazza San Pietro. È una piazza monumentale, capolavoro del Bernini. Ci sono 284 colonne che chiudono una grande superficie, come due grandi braccia. Al centro c'è un obelisco alto 25 metri. Ai lati dell'obelisco ci sono due bellissime fontane. In fondo, la più imponente basilica della Cristianità, cuore del mondo cattolico.

IL COLOSSEO

È forse il monumento più famoso di Roma. Ha duemila anni di vita.

Costruito per spettacoli pubblici, è opera di Vespasiano e del figlio Tito (80 dopo Cristo). Lungo 156 metri, alto circa 50.

È il simbolo dell'eternità di Roma.

Roma. Il Colosseo.

Roma. La Fontana di Trevi.

LA FONTANA DI TREVI

È una delle più belle fontane di Roma e fra le più celebri del mondo.

Secondo una tradizione popolare, i turisti che gettano una moneta nella fontana sono sicuri di tornare ancora a Roma.

PIAZZA SAN PIETRO

È una piazza monumentale, capolavoro del Bernini.

Ai lati ci sono 284 colonne che chiudono una grande superficie, come due grandi braccia.

Al centro c'è un obelisco alto 25 metri.

Ai fianchi dell'obelisco ci sono due bellissime fontane e, in fondo, la più imponente basilica della cristianità, cuore del mondo cattolico.

Roma. Piazza San Pietro.

28. Questionario

1. Che cosa è Roma?
2. Quanti abitanti ha Roma?
3. Perché è il centro politico del Paese?
4. Perché milioni di turisti visitano ogni anno Roma?
5. Quali sono i monumenti più importanti di Roma?
6. Che cosa ricorda del Colosseo?
7. Che cosa ricorda della Fontana di Trevi?
8. Che cosa ricorda di Piazza S. Pietro?

festa di compleanno

4

Silvia, che vuole organizzare una festa per il suo compleanno, telefona alla sua amica Chiara.

Chiara:
Pronto?

Silvia:
Pronto! Chiara, sono Silvia. Senti, puoi venire oggi pomeriggio a casa mia? Voglio organizzare una festa per il mio compleanno.

Chiara:
Mi dispiace, Silvia, ma oggi non posso perché mia madre ed io dobbiamo andare dal dentista.

Silvia:
Ma a che ora ci vai?

Chiara:
Ci vado alle quattro.

Silvia:
Non puoi andarci più tardi?

Chiara:
No, abbiamo l'appuntamento. Ma se per te va bene domattina, vengo da te verso le nove.

Silvia:
D'accordo. A domani alle nove.

(Il giorno dopo Chiara va da Silvia)

Silvia:
I miei genitori dicono che la nostra casa è troppo piccola.

Chiara:
Ho un'idea! Perché non chiedi a tuo nonno? La sua casa in campagna ha un bel giardino.

Silvia:
È una buona idea... Sì, anche mio padre e mia madre sono d'accordo. Devo domandare il permesso a mio nonno.

Chiara:
Chi pensi di invitare?
Silvia:
I *nostri* compagni di classe, tutti. E anche Marcello e Piero.

Chiara:
I *tuoi* simpatici cugini Marcello e Piero con le *loro* fidanzate e quel *tuo* amico inglese, che viene da Londra.

Silvia:
Facciamo il conto: noi due con i *nostri* compagni di classe siamo venti.
Chiara:
Filippo è a San Marino dai *suoi* zii: venti meno uno fa diciannove. Più le due coppie di fidanzati e l'inglese fa ventiquattro.

Silvia:
Allora panini, tartine, dolci e bibite per circa venticinque, trenta persone.

4 COMPRENDERE

1. Scelta multipla

1. Silvia vuole organizzare	☐ una cena ☒ una festa ☐ un pranzo
2. Alla sua amica Silvia	☐ manda un telegramma ☐ scrive ☒ telefona
3. Chiara e sua madre devono andare	☒ dal dentista ☐ dal medico ☐ dal parrucchiere
4. Chiara va da Silvia	☐ la mattina a mezzogiorno ☒ la mattina alle nove ☐ il pomeriggio alle quattro
5. I genitori di Silvia dicono che la loro casa è	☐ troppo vecchia ☐ troppo brutta ☒ troppo piccola
6. Forse Silvia può fare la festa	☐ dai vicini ☐ dagli zii ☒ dai nonni
7. Le ragazze decidono di invitare	☐ tutti i loro amici ☒ tutti i compagni di classe ☐ tutti i compagni di scuola
8. Preparano per la festa	☐ spaghetti ☐ pizze ☒ panini e tartine

il biglietto d'invito

2. Vero o Falso?

	V	F
1. Silvia vuole festeggiare il suo compleanno.	☐	☐
2. Silvia vuole incontrare Chiara a casa dell'amica.	☐	☐
3. Chiara non può andare da Silvia.	☐	☐
4. Chiara deve andare dal dentista con sua madre.	☐	☐
5. Il nonno ha una casa in montagna.	☐	☐
6. I cugini di Silvia, Marcello e Piero, non devono mancare alla festa.	☐	☐
7. Silvia deve preparare da mangiare e da bere per circa venti persone.	☐	☐

la torta di compleanno con le candeline

3. Questionario

1. *Che cosa* vuole fare Silvia per il suo compleanno?
2. *A chi* telefona?
3. *Perché* l'amica non può andare da lei?
4. *A che ora* l'amica ha l'appuntamento con il dentista?
5. *Perché* Silvia non può fare la festa a casa sua?
6. *Quale* soluzione suggerisce Chiara?
7. Silvia *chi* pensa di invitare?
8. *Chi* non può mancare alla festa e perché?
9. *Quanti* possono essere gli invitati?

4 FISSARE LE STRUTTURE *(ORALE)*

4. Rispondere

1. Puoi venire oggi pomeriggio? — Mi dispiace, non posso venire.
2. Puoi aspettare un momento? ______________________
3. Puoi rimanere ancora? ______________________
4. Puoi rispondere a questa domanda? ______________________
5. Potete arrivare alle sette? — Sì, possiamo arrivare alle sette.
6. Potete venire stasera? ______________________
7. Potete scendere subito? ______________________
8. Potete salire a piedi? ______________________

5. Trasformare

1. Lui può fare una passeggiata. — Loro possono fare una passeggiata.
2. Lui può andare al concerto stasera. ______________________
3. Lui può scrivere a casa. ______________________
4. Lui può lavorare molte ore al giorno. ______________________
5. Lei non può venire a lezione. — Loro non possono venire a lezione.
6. Lei non può fare questo viaggio. ______________________
7. Lei non può pagare le tasse. ______________________
8. Lei non può fare l'esame. ______________________

6. Rispondere

1. Con chi vuoi parlare? *(con il professore)* — Voglio parlare con il professore.
2. Con chi vuoi uscire? *(con il mio fidanzato)* ______________________
3. Chi vuoi conoscere? *(tuo padre e tua madre)* ______________________
4. Chi vuoi invitare? *(i compagni di scuola)* ______________________
5. A chi volete telefonare? *(alla mamma)* — Vogliamo telefonare alla mamma.
6. A chi volete scrivere? *(al direttore)* ______________________
7. A che ora volete partire? *(alle sette)* ______________________
8. A che ora volete pranzare? *(all'una)* ______________________

7. Replicare

1. Lui vuole andare a piedi. *(con l'autobus)* — Ma loro vogliono andare con l'autobus.
2. Lui vuole mangiare alla mensa. *(al ristorante)* ______
3. Lui vuole rimanere a casa. *(uscire)* ______
4. Lei vuole studiare. *(riposare)* ______
5. Lei vuole passare le vancanze in montagna. *(al mare)* ______
6. Lei vuole organizzare un pranzo. *(una cena)* ______

8. Rispondere

1. Chi devi invitare? *(i miei amici)* — Devo invitare i miei amici.
2. Che cosa devi comprare? *(una borsa di pelle)* ______
3. A chi devi telefonare? *(alla mia famiglia)* ______
4. A che ora devi andarci? *(alle quattro)* ______
5. Con chi dovete parlare? *(con la padrona di casa)* — Dobbiamo parlare con la padrona di casa.
6. Quanto dovete pagare? *(un milione)* ______
7. Quando dovete pagare? *(domani)* ______
8. Dove dovete cambiare treno? *(a Firenze)* ______

9. Trasformare

1. Lui non deve fumare. — Loro non devono fumare.
2. Lui non deve bere troppo. ______
3. Lui non deve fare rumore. ______
4. Lui non deve disturbare. ______
5. Lei deve fare attenzione. — Loro devono fare attenzione.
6. Lei deve fare silenzio. ______
7. Lei deve dire la verità. ______
8. Lei deve vendere la casa. ______

10. Rispondere

1. Dove è la tua valigia? — Ecco la mia valigia.
2. Dove è la tua macchina? ______
3. Dove sono le tue fotografie? — Ecco le mie fotografie.
4. Dove sono le tue sigarette? ______
5. Dove è la vostra valigia? — Ecco la nostra valigia.
6. Dove è la vostra macchina? ______
7. Dove sono le vostre fotografie? — Ecco le nostre fotografie.
8. Dove sono le vostre sigarette? ______

11. Rispondere

1. Questa è la casa di Filippo? — Sì, è la sua casa.
2. Questa è la casa di Silvia? ______
3. Questa è la macchina del professore? ______
4. Questa è la macchina della professoressa? ______
5. Queste sono le cassette di Filippo? — Sì, sono le sue cassette.
6. Queste sono le cassette di Silvia? ______
7. Queste sono le valigie del professore? ______
8. Queste sono le valigie della professoressa? ______

12. Rispondere

1. Signorina, questa è la Sua borsa? — Sì, è la mia borsa.
2. Signor Rossi, questa è la Sua valigia? ______
3. Signora, questa è la Sua bambina? ______
4. Professore, questa è la Sua chiave? ______
5. Professore, queste sono le Sue chiavi? — Sì, sono le mie chiavi.
6. Signor Rossi, queste sono le Sue valige? ______
7. Signora Rossi, queste sono le Sue figlie? ______
8. Signorina, queste sono le Sue sigarette? ______

13. Rispondere

1. Qual è il tuo indirizzo? *(via Garibaldi, 13)* — Il mio indirizzo è via Garibaldi, 13.
2. Qual è il tuo numero di telefono? *(65301)* ______
3. Dove è il tuo libro? *(nella borsa)* ______
4. Come è il tuo appartamento? *(grande)* ______
5. Qual è il vostro indirizzo? *(via Garibaldi, 13)* — Il nostro indirizzo è via Garibaldi, 13.
6. Qual è il vostro numero di telefono? *(65301)* ______
7. Dove è il vostro libro? *(nella borsa)* ______
8. Come è il vostro appartamento? *(grande)* ______

14. Replicare

1. Dove sono i miei libri? *(nella borsa)* — I tuoi libri sono nella borsa. E i miei?
2. Dove sono i miei giornali? *(sul tavolo)* ______
3. Dove sono i miei fiammiferi? *(nel cassetto)* ______
4. Dove sono i miei occhiali? *(nella tasca)* ______
5. Dove sono i vostri figli? *(in vacanza)* — I nostri figli sono in vacanza. E i vostri?
6. Dove sono i vostri genitori? *(in viaggio)* ______
7. Dove sono i vostri vicini? *(fuori città)* ______
8. Dove sono i vostri nipoti? *(alla festa di Silvia)* ______

il biglietto d'auguri

un mazzo di fiori

15. Rispondere

1. Questo è l'indirizzo di Silvia? – Sì, è suo.
2. Questo è il numero di telefono di Marco? ______
3. Questo è l'appartamento del professore? ______
4. Questo è l'ombrello della professoressa? ______
5. Questi sono i libri di Silvia? – Sì, sono suoi.
6. Questi sono i dischi di Marco? ______
7. Questi sono i figli del professore? ______
8. Questi sono gli esercizi dello studente? ______

16. Rispondere

1. Questo è l'indirizzo dei tuoi cugini? – Sì, è il loro indirizzo.
2. Questo è il numero di telefono dei signori Rossi? ______
3. Questo è l'appartamento degli studenti? ______
4. Questo è il giardino delle tue amiche? ______
5. Questi sono i libri delle studentesse? – Sì, sono i loro libri.
6. Questi sono i quaderni di Marco e Filippo? ______
7. Questi sono gli esercizi degli studenti? ______
8. Questi sono i documenti delle signore? ______

17. Trasformare

1. Luigi è mio figlio. – Luigi e Marco sono i miei figli.
2. Antonio è mio fratello. – Antonio e Giorgio ______
3. Giovanni è mio zio. – Giovanni e Lucio ______
4. Franco è mio cugino. – Franco e Bruno ______
5. Luisa è mia sorella. – Luisa e Lina sono le mie sorelle.
6. Lena è mia zia. – Lena e Teresa ______
7. Giuliana è mia figlia. – Giuliana e Marcella ______
8. Gina è mia cugina. – Gina e Tecla ______

18. Rispondere

1. Dove vai? *(al centro)* — Vado al centro.
2. Con chi vai? *(con il mio fidanzato)* ______
3. Da chi vai? *(da Silvia)* ______
4. Dove vai in vacanza? *(al lago)* ______
5. Dove andate domani? *(a Roma)* — Andiamo a Roma.
6. Con chi andate? *(con i nostri amici)* ______
7. Da chi andate? *(dalle nostre amiche)* ______
8. Dove andate in vacanza? *(in Grecia)* ______

19. Trasformare

1. Lui va a Roma. — Anche loro vanno a Roma.
2. Lui va a Londra. ______
3. Lui va in Svizzera. ______
4. Lui va in Francia. ______
5. Lei va a mangiare. ______
6. Lei va a dormire. ______
7. Lei va da Mario. ______
8. Lei va da Francesca. ______

20. Rispondere

1. Stasera vai al cinema? — Sì, ci vado.
2. Stasera andate al cinema? ______
3. Stasera vai in discoteca? ______
4. Stasera andate in discoteca? ______
5. Piero va a Roma? ______
6. Marco e Piero vanno a Roma? ______
7. Vai all'università? ______
8. Andate all'università? ______

21. Rispondere

1. Domani vieni a lezione? — Sì, ci vengo.
2. Vieni a lezione ogni giorno? ______
3. Vieni a scuola? ______
4. Vieni in classe? ______
5. Venite a lezione alle nove? — Sì, ci veniamo alle nove.
6. Venite a lezione a piedi? ______
7. Venite a lezione con l'autobus? ______
8. Venite a lezione con la macchina? ______

22. Rispondere

1. Con chi vieni alla festa? *(con i miei amici)* — Ci vengo con i miei amici.
2. Con chi vieni al cinema? *(con i miei fratelli)* ______
3. Con chi vieni alla gita? *(con i miei cugini)* ______
4. Con chi vieni al mare? *(con i miei genitori)* ______
5. Con chi venite alla festa? *(con i nostri amici)* — Ci veniamo con i nostri amici.
6. Con chi venite al cinema? *(con i nostri fratelli)* ______
7. Con chi venite alla gita? *(con i nostri cugini)* ______
8. Con chi venite al mare? *(con i nostri genitori)* ______

il regalo dei nonni

23. Trasformare

1. Lui viene da me. — Loro vengono da me.
2. Lui viene con me. ______
3. Lei viene alle sette. ______
4. Lei viene a pranzo. ______
5. Marco viene a casa mia. — Marco e Piero vengono a casa mia.
6. Marco viene da me. ______
7. Marco viene alle sette. ______
8. Marco viene a cena. ______

24. Rispondere

1. Da quale città vieni? *(da Belgrado)* — Io vengo da Belgrado.
2. Da quale città venite? *(da Berna)* ______
3. Da quale città viene Mary? *(da Chicago)* ______
4. Da quale città vengono Peter e Sabine? *(da Basilea)* ______
5. Da quale paese vieni? *(dalla lugoslavia)* ______
6. Da quale paese venite? *(dall'Austria)* ______
7. Da dove viene Mary? *(dagli Stati Uniti)* ______
8. Da dove viene Yumiko? *(dal Giappone)* ______

25. Rispondere

1. Vado al concerto, ci vieni anche tu? — Sì, ci vengo anch'io.
2. Andiamo in discoteca, ci vieni anche tu? ______
3. Vado in piscina, ci vieni anche tu? ______
4. Andiamo alla posta, ci vieni anche tu? ______
5. Andiamo alla festa, ci venite anche voi? — Sì, ci veniamo anche noi.
6. Andiamo al lago, ci venite anche voi? ______
7. Vado a fare una passeggiata, ci venite anche voi? ______
8. Andiamo a fare una gita, ci venite anche voi? ______

4 LAVORARE SUL TESTO

26. Completare (con i possessivi)

1. Silvia, che vuole organizzare una festa per il ________ compleanno, telefona alla ________ amica Chiara.
2. Puoi venire oggi a casa ________? Voglio organizzare una festa per il ________ compleanno.
3. Mi dispiace, Silvia, ma oggi non posso, perché ________ madre ed io dobbiamo andare dal dentista.
4. I ________ genitori dicono che la ________ casa è troppo piccola.
5. Perché non chiedi a ________ nonno? La ________ casa in campagna ha un bel giardino.
6. È una buona idea... Sì, anche ________ padre e ________ madre sono d'accordo. Devo domandare il permesso a ________ nonno.
7. Chi pensi di invitare? – I ________ compagni di classe, tutti.
8. I ________ simpatici cugini Marcello e Piero con le ________ fidanzate e quel ________ amico inglese.
9. Facciamo il conto: noi due con i ________ compagni di classe siamo venti.
10. Filippo è a San Marino dai ________ zii.

27. Completare (con i verbi servili)

1. Silvia, che ________ organizzare una festa per il suo compleanno, telefona alla sua amica Chiara.
2. Chiara, ________ venire oggi a casa mia? ________ organizzare una festa per il mio compleanno.
3. Mi dispiace, Silvia, ma oggi non ________, perché mia madre ed io ________ andare dal dentista.
4. Non ________ andarci più tardi?
5. È una buona idea... Sì, anche mio padre e mia madre sono d'accordo. ________ domandare il permesso a mio nonno.

28. Completare (con le preposizioni)

1. Silvia, che vuole organizzare una festa ____per____ il suo compleanno, telefona ____alla____ sua amica Chiara.
2. Puoi venire oggi ____a____ casa mia? Voglio organizzare una festa ____per____ il mio compleanno.
3. Mi dispiace, Silvia, ma oggi non posso, perché mia madre ed io dobbiamo andare ____dal____ dentista.
4. Ma ____a____ che ora ci vai? – Ci vado ____alle____ quattro.
5. Ma se ____per____ te va bene domattina, vengo ____da____ te verso le nove.
6. D'accordo. ____A____ domani ____alle____ nove.
7. Ho un'idea! Perché non chiedi ____a____ tuo nonno? La sua casa ____in____ campagna ha un bel giardino.
8. Chi pensi ____di____ invitare? – I nostri compagni ____di____ classe, tutti.
9. I tuoi simpatici cugini Marcello e Piero ____con____ le loro fidanzate e quel tuo amico inglese, che viene ____da____ Londra.
10. Facciamo il conto: noi due ____con____ i nostri compagni ____di____ classe siamo venti.
11. Filippo è ____a____ San Marino ____dai____ suoi zii.

29. Combinare domanda e risposta

1. Puoi venire a casa mia?	– No, abbiamo l'appuntamento.
2. A che ora vai dal dentista?	– I nostri compagni di classe, tutti.
3. Non puoi andarci più tardi?	– Mi dispiace, ma oggi non posso.
4. Chi pensi di invitare?	– Ci vado alle quattro.

30. Fare la domanda

1. A chi telefona Silvia?	– Alla sua amica Chiara.
2. ______________________ ?	– Perché vuole organizzare una festa.
3. ______________________ ?	– La festa di compleanno.
4. ______________________ ?	– Mi dispiace, ma oggi non posso.
5. ______________________ ?	– No, oggi non posso venire.
6. ______________________ ?	– Ci vado alle quattro.
7. ______________________ ?	– No, abbiamo l'appuntamento.
8. ______________________ ?	– I nostri compagni di classe.

4 SINTESI GRAMMATICALE

POSSESSIVI

(io)		**mio**				**miei**	
(tu)		**tuo**	appartamento			**tuoi**	
(lui/lei)		**suo**				**suoi**	appartamenti
(Lei)	il	**Suo**		⇒	i	**Suoi**	
(noi)		**nostro**	libro			**nostri**	libri
(voi)		**vostro**				**vostri**	
(loro)		**loro**	professore			**loro**	professori
(Loro)		**Loro**				**Loro**	

(io)		**mia**				**mie**	
(tu)		**tua**				**tue**	
(lui/lei)		**sua**	macchina			**sue**	macchine
(Lei)	la	**Sua**		⇒	le	**Sue**	
(noi)		**nostra**	amica			**nostre**	amiche
(voi)		**vostra**				**vostre**	
(loro)		**loro**	chiave			**loro**	chiavi
(Loro)		**Loro**				**Loro**	

POSSESSIVI (con nomi indicanti relazioni di famiglia o parentela)

	mio	padre			miei	figli
	tuo	marito			tuoi	fratelli
	suo	figlio			suoi	zii
	Suo	fratello	⇒	i	Suoi	nonni
	nostro	zio			nostri	cugini
	vostro	nonno			vostri	suoceri
il	loro	cugino			loro	
	Loro				Loro	

	mia	madre
	tua	moglie
	sua	figlia
	Sua	sorella
	nostra	zia
	vostra	nonna
la	loro	cugina
	Loro	

	mie	
	tue	
	sue	figlie
le	Sue	sorelle
	nostre	zie
	vostre	nonne
	loro	cugine
	Loro	

SUO - LORO

Gervasio ha una macchina;
la **sua** macchina è molto lunga.

Anche Clara e Roberto hanno una macchina;
la **loro** macchina è molto piccola.

Gervasio ha un cane;
il **suo** cane è molto piccolo.

Anche Clara e Roberto hanno un cane;
il **loro** cane è molto grande.

Gervasio invita i **suoi** amici nella **sua** magnifica villa in montagna.

Anche Clara e Roberto invitano i **loro** amici nella **loro** casetta in campagna.

DI CHI È? / DI CHI SONO?

Di chi	è	questa penna?	→	È	**la mia.** **mia.**
		questo libro?			**il suo.** **suo.**
	sono	questi occhiali?		Sono	**i suoi.** **suoi.**
		queste riviste?			**le nostre.** **nostre.**

VOLERE wollen

voglio **vuoi** **vuole** **vogliamo** **volete** **vogliono**	imparare bene l'italiano organizzare una festa invitare tutti gli amici prendere un caffè visitare Firenze e Roma
	il giornale di oggi un caffè un gelato una sigaretta

POTERE können

posso **puoi** **può** **possiamo** **potete** **possono**	rimanere ancora un po' prendere l'autobus n. 22 già capire un giornale italiano
	venire alle 8 fumare uscire fare una telefonata

DOVERE dürfen, müssen

devo (debbo) **devi** **deve** **dobbiamo** **dovete** **devono (debbono)**	decidere subito andare dal dentista preparare panini e bibite pagare le tasse aiutare un amico cambiare i soldi in banca comprare una macchina nuova

ANDARE

vado **vai** **va** **andiamo** **andate** **vanno**	a	casa scuola lezione teatro letto
	al	centro bar ristorante cinema lago mare
	alla	mensa stazione posta
	in	banca biblioteca classe città campagna chiesa piscina ufficio albergo farmacia
		gelateria lavanderia libreria macelleria pasticceria (1) pizzeria segreteria tabaccheria

(1) La preposizione **in** si usa con i nomi che finiscono in **–eria**.

ANDARE **a - in - da**

<table>
<tr><td rowspan="4">vado
vai
va
andiamo
andate
vanno</td><td rowspan="2">a</td><td>Roma
Firenze
Londra
New York</td></tr>
<tr><td>studiare
vedere un film
dormire</td></tr>
<tr><td>in</td><td>Germania
America
Brasile
Australia
Giappone
Toscana
Sicilia</td></tr>
<tr><td>da</td><td>Maria
Paolo</td></tr>
</table>

Attenzione!
Si usa la preposizione ***a*** con i nomi di città e con l'infinito dei verbi.
Si usa la preposizione ***in*** con i nomi di nazione e regione.
Si usa la preposizione ***da*** con i nomi di persona.

VENIRE (1)

<table>
<tr><td rowspan="3">vengo
vieni
viene
veniamo
venite
vengono</td><td rowspan="3">a lezione
a scuola</td><td colspan="2">a piedi</td></tr>
<tr><td>con</td><td>la macchina
la bicicletta
la motocicletta
la metropolitana
il treno
l'autobus</td></tr>
<tr><td>in</td><td>macchina
bicicletta
motocicletta
metropolitana
treno
autobus</td></tr>
</table>

Attenzione!
Anche con ***venire*** si usa la preposizione ***a*** con i nomi di città e con l'infinito dei verbi, la preposizione ***in*** con i nomi di nazione e regione, la preposizione ***da*** con i nomi di persona.

DA DOVE?

Da dove	vieni?	
	viene Lei?	

→

Vengo	**da**	Zurigo.
		Londra.
	dal Giappone.	
	dalla Germania.	
	dall'Austria.	
	dagli Stati Uniti.	

Quando	vai va Lei	**a casa**? **al centro**? **alla mensa**? **in pizzeria**? **da Maria**?
	andate	
	vanno	
	vieni	**a Firenze**? **in Spagna**?
	viene Lei	
	venite	
	vengono	

→

Ci	vado	subito. dopo la lezione.
	andiamo	
	vanno	
Ci	vengo	dopo il corso.
	veniamo	
	vengono	

LE QUATTRO OPERAZIONI

Quanto fa	5	(più) +	5	?
	9	(meno) –	4	?
	6	(per) X	3	?
	20	(diviso) :	4	?

→

Fa	10
	5
	18
	5

5 + 5 è un'addizione.
9 – 4 è una sottrazione.
6 x 3 è una moltiplicazione.
20 : 4 è una divisione.

CHE ORA È? – CHE ORE SONO?

– Sono le ore tredici.

– È l'una.

– Sono le ore tredici e quindici minuti.

– È l'una e un quarto.

– Sono le ore tredici e trenta minuti.

– È l'una e mezza (mezzo).

– Sono le ore tredici e quarantacinque minuti.

– È l'una e tre quarti.
– Sono le due meno un quarto.
– Manca un quarto alle due.

— Sono le ore quattordici.

— Sono le due.

— Sono le ore ventiquattro.

— È mezzanotte.

— Sono le ore dodici.

— È mezzogiorno.

4 OCCHIO ALLA LINGUA!

LESSICO

1. – Se *per te va bene*, vengo domani.
   – D'accordo.
2. – Ci vediamo *verso* le nove?
   – No, facciamo *verso* le otto e mezzo.
3. – Chiara, *vorrei* parlare con te di alcune cose!
4. – Perché non chiedi a tuo nonno?
   – Sì, *è una buona idea*!

1. – Basta, non telefono più a Giorgio. Ogni volta che chiamo la linea è sempre *occupata*.
2. – Dov'è *una cabina telefonica*?
   – È proprio dietro l'angolo. Ce l'hai *il gettone*?
3. – Ricordi *il numero di telefono* di Mario?
   – No, ma c'è qui *un elenco telefonico*.
4. – Prima del *numero*, devi formare *il prefisso* della città.

FUNZIONI	ATTI COMUNICATIVI	
Interpellare per telefono	– Pronto, sono Silvia, c'è Chiara? – Pronto, con chi parlo, scusi? – Pronto, parlo con Chiara?	
Rispondere per telefono	– Pronto, sì, sono io. – Pronto, qui parla casa Rossetti.	
Accordo/disaccordo	– Ci vediamo alle 9, siamo d'accordo?	– D'accordo, alle 9.
	– Ci vediamo alle 9.	– Mi dispiace, ma alle 9 non posso.
	– Non possiamo dimenticare Giovanni e Mirco	– Sì, è vero. – Proprio così. – Certo. – Certamente. – Hai ragione. – Sono pienamente d'accordo.
	– Vuoi invitarli?	– Non sono d'accordo. – Fai male. – Sono contraria.

Dettare il testo che segue

Festa di compleanno

Silvia, che vuole organizzare una festa di compleanno, telefona all'amica Chiara.

Silvia domanda a Chiara se può andare a casa sua nel pomeriggio per parlare di alcune cose, ma Chiara deve andare insieme a sua madre dal dentista.

L'appuntamento perciò è per il giorno dopo alle nove.

Le due ragazze decidono di fare la festa nella casa di campagna del nonno. Anche i genitori di Silvia pensano la stessa cosa.

Invitano tutti i loro compagni di scuola, i cugini Marcello e Piero che vengono con le loro fidanzate e un amico inglese che viene da Londra. In tutto ventiquattro invitati.

31. Leggere attentamente il testo che precede e ripetere a libro chiuso

32. Fare una frase con le parole che seguono

1. Una festa
2. Nel pomeriggio
3. Alle nove
4. Appuntamento
5. Simpatico
6. In giardino

33. Completare le frasi che seguono

1. Io telefono a ____________________ per ____________________
2. Invito un amico che ____________________
3. L'appuntamento è per ____________________
4. Voglio organizzare ____________________
5. Io decido di ____________________

34. Domande personalizzate

1. Quando è il Suo compleanno?
2. Che cosa fa per il Suo compleanno?
3. Chi invita?
4. Quali regali riceve?

35. Per la composizione scritta

1. Oggi è il compleanno di un amico.
2. La mia famiglia.
3. La mia casa.

Tanti auguri a te!!

TANTI AUGURI ...

Tanti auguri a te,
tanti auguri a te,
tanti auguri a tutti,
tanti auguri per te.

Tanti auguri a papà,
tanti auguri a mamma,
tanti auguri a tutti,
tanti auguri per te.

Attenzione!

Al posto di "a tutti" si mette il nome
della persona che si festeggia:
"Silvia, Chiara, Lorenzo, ecc."

LA CITTÀ DEL VATICANO (DAL VIDEOCORSO)

Roma. Veduta aerea del Tevere e della Città del Vaticano.

La Città del Vaticano, situata nel cuore di Roma, sulla riva destra del Tevere, è uno Stato indipendente. Il suo territorio è molto piccolo, circa mezzo chilometro quadrato e con una popolazione che non supera i 2.000 (duemila) abitanti.

È la residenza del Papa, capo spirituale della Chiesa Cattolica.

Turisti e studiosi di tutto il mondo visitano la Città del Vaticano non solo per motivi religiosi, ma anche per ammirare le sue immense ricchezze artistiche. Fra queste ricordiamo:

– La Basilica di San Pietro con la grandiosa Cupola opera di Michelangelo, la Piazza e il Colonnato opera di Gian Lorenzo Bernini;

– I Musei, le Gallerie, le Biblioteche, gli Archivi, i Giardini;

– La Cappella Sistina con l'affresco del Giudizio Universale di Michelangelo;

– Le Stanze Vaticane dipinte da Raffaello.

Basilica di San Pietro. La Pietà di Michelangelo.

Cappella Sistina.

LA REPUBBLICA DI SAN MARINO (DAL VIDEOCORSO)

La più piccola, la più antica repubblica del mondo.

San Marino. Vista panoramica.

È un altro piccolo Stato indipendente nell'Italia Centrale.

Si trova tra le Marche e la Romagna, sul Monte Titano, vicino al Mare Adriatico, con una superficie di 61 (sessantuno) Km^2 (chilometri quadrati) e una popolazione di circa 20.000 (ventimila) abitanti.

La Città di San Marino, capitale dello Stato, presenta ancora oggi un tipico aspetto medioevale.

San Marino. Il Palazzo del Governo.

36. Questionario

1. Dove è situata la Città del Vaticano?
2. Come è il territorio?
3. Quanti abitanti ha?
4. Chi risiede nella Città del Vaticano?
5. Perché molti turisti e studiosi visitano la Città del Vaticano?
6. Quali ricchezze artistiche della Città del Vaticano ricordiamo?
7. Che cosa è la Repubblica di San Marino?
8. Dove si trova la Repubblica di San Marino?

INDICATIVO: PASSATO PROSSIMO

una gita

5

È lunedì: una nuova settimana comincia.
Neil e Pat sono in un bar al centro della città.

Neil:
Ciao, Pat, come stai?

Pat:
Oh, ciao, Neil! Bene, grazie e tu?

Neil:
Non c'è male. Prendi qualcosa con me?

Pat:
Volentieri! Un cappuccino.

Neil:
Non mangi niente?

Pat:
No. La mattina mangio solo una mela.

Neil:
(Al cameriere) Un cappuccino e un caffè, per favore.

(A Pat) Ieri non *sei venuta* al centro.

Pat:
Infatti *sono andata* ad Assisi con Annette.

Neil:
Bellissima città: ci *sono stato* due settimane fa.

Pat:
E tu che *hai fatto*?

Neil:
Niente d'importante. *Sono rimasto* a Perugia. La mattina *ho incontrato* gli amici al centro; *abbiamo parlato* di sport, di politica, insomma del più e del meno. Nel pomeriggio *ho dormito* fino alle cinque...

Pat.
Annette e io *siamo partite* la mattina alle sette. Appena *siamo arrivate*, *abbiamo visitato* la Basilica di San Francesco: gli affreschi di Giotto sono splendidi. Poi la chiesa di Santa Chiara e la Cattedrale di San Rufino. Verso mezzogiorno *siamo salite* a piedi fino alla Rocca, ma... con una fame!

Neil:
Avete trovato qualche ristorante a buon mercato?

Pat:
No, *abbiamo pranzato* al sacco. Più tardi *siamo scese* di nuovo in città, *abbiamo girato* un po' e prima di partire *abbiamo comprato* qualche souvenir.

Neil:
Bene. *Avete passato* una giornata interessante. La mia, al contrario, *è stata* noiosa: tutto il pomeriggio a casa, solo; *ho scritto* una lettera e *ho ascoltato* cassette con lo stereo.

---

5 COMPRENDERE

1. Scelta multipla

1. Neil è stato ad Assisi	☒ due settimane fa ☐ il mese scorso ☐ la settimana passata
2. Neil non ha visto Pat al centro	☐ ieri sera ☒ ieri mattina ☐ ieri pomeriggio
3. Neil è rimasto	☐ a casa ☒ a Perugia ☐ a letto
4. Neil ha incontrato gli amici	☒ al centro ☐ in piazza ☐ a scuola
5. Neil e gli amici hanno parlato	☐ di teatro ☒ del più e del meno ☐ di economia
6. Neil ha dormito	☐ tutto il pomeriggio ☒ fino alle cinque ☐ tre ore
7. Pat e Annette hanno visitato	☐ il museo ☐ il palazzo comunale ☒ la Basilica di S. Francesco
8. Le due amiche hanno pranzato	☒ al sacco ☐ in trattoria ☐ al ristorante
9. Neil ha ascoltato	☐ la radio ☐ dei dischi ☒ delle cassette

arrivo ad Assisi

2. Vero o Falso?

		V	F
1.	È lunedì; una nuova settimana finisce.	☐	☒
2.	Neil e Pat sono in un bar al centro della città.	☒	☐
3.	Pat, la mattina, mangia solo una mela.	☒	☐
4.	Sabato Pat è andata ad Assisi con Annette.	☒	☐
5.	Neil c'è stato due settimane prima.	☒	☐
6.	Neil nel pomeriggio ha studiato fino alle cinque.	☐	☒
7.	Le amiche sono partite alle 7.	☒	☐
8.	Verso mezzogiorno sono salite in autobus fino alla Rocca.	☐	☒
9.	Prima di tornare hanno comprato dei souvenir.	☒	☐

una caratteristica via di Assisi

3. Questionario

1. *Che* giorno è oggi?
2. *Dove* sono Neil e Pat?
3. *Dove* è stato Neil la domenica mattina?
4. *Con chi* è stato?
5. *Dove* è andata Pat?
6. *Con chi* è partita?
7. *Che cosa* hanno visitato le due amiche?
8. *Dove* hanno pranzato?
9. *Come* hanno passato il pomeriggio?
10. Neil *dove* ha trascorso il pomeriggio?
11. *Che cosa* ha fatto?

FISSARE LE STRUTTURE *(ORALE)*

4. Rispondere

1. Chi hai incontrato? *(gli amici)* — Ho incontrato gli amici.
2. Che cosa hai visitato? *(la cattedrale)* Ho visitato la cattedrale
3. Dove hai pranzato? *(in trattoria)* Ho pranzato in trattoria
4. Che cosa hai comprato? *(dei souvenir)* Ho comprato dei souvenir
5. Che cosa hai ascoltato? *(delle cassette)* Ho ascoltato delle cassette
6. Con chi hai passeggiato? *(con Paolo)* Ho passeggiato con Paolo

5. Trasformare

1. Lo studente ha passeggiato per il corso. — Gli studenti hanno passeggiato per il corso.
2. Lo studente ha pranzato al sacco. Gli studenti hanno pranzato
3. Lo studente ha parlato con gli amici. Gli studenti hanno parlato
4. Lo studente ha girato per le vie della città. Gli studenti hanno girato
5. Lo studente ha passato una bella giornata. Gli studenti hanno passato
6. Lo studente ha ascoltato le cassette. Gli studenti hanno ascoltato le cassette

6. Rispondere

1. Che cosa avete ordinato? *(un cappuccino)* — Abbiamo ordinato un cappuccino.
2. Che cosa avete mangiato? *(una pasta)* Abbiamo mangiato ...
3. Dove avete pranzato? *(in trattoria)* Abbiamo pranzato ...
4. A chi avete telefonato? *(a Annette)* Abbiamo telefonato ...
5. Chi avete invitato? *(le signorine)* Abbiamo invitato ...
6. Che cosa avete preparato? *(degli aperitivi)* Abbiamo preparato ...

7. Rispondere

1. Che cosa hai fatto? *(una gita)* — Ho fatto una gita.
2. Che cosa hai scritto? *(una lettera)* ______
3. Che cosa hai letto? *(il giornale)* ______
4. Che cosa hai risposto? *(di no)* ______
5. Che cosa hai preso al bar? *(un caffè)* ______
6. Chi hai visto al centro? *(gli amici)* ______

8. Trasformare

1. Ha chiuso la porta a chiave. — Hanno chiuso la porta a chiave.
2. Ha messo la macchina in garage. ______
3. Ha chiesto un favore ad un amico. ______
4. Ha detto la verità. ______
5. Ha trascorso una bella giornata in campagna. ______
6. Ha visto un bel film. ______

9. Rispondere

1. Che cosa avete deciso? *(di rimanere qui)* — Abbiamo deciso di rimanere qui.
2. Quanto avete dovuto pagare? *(un milione)* ______
3. Che cosa avete avuto in regalo? *(un orologio d'oro)* ______
4. A chi avete scritto? *(al direttore)* ______
5. Quando avete risposto alla lettera? *(ieri)* ______
6. Quanto avete speso dal libraio? *(molto)* ______

5

10. Rispondere

1. Hai dormito in albergo? — No, non ho dormito in albergo.
2. Hai sentito freddo? __________
3. Hai spedito il regalo? __________
4. Hai offerto da bere? __________
5. Avete finito di lavorare tardi? — No, non abbiamo finito di lavorare tardi.
6. Avete capito? __________
7. Avete pulito la macchina? __________
8. Avete aperto il pacco? __________

11. Rispondere

1. Dove sei andato? *(ad Assisi)* — Sono andato ad Assisi.
2. A che ora sei partito? *(a mezzogiorno)* __________
3. Quando sei arrivato? *(nel pomeriggio)* __________
4. Quando sei entrato in classe? *(alle nove)* __________
5. Con chi sei uscita? *(con Annette)* — Sono uscita con Annette.
6. Quanto tempo sei rimasta ad Assisi? *(una giornata)* __________
7. Come sei venuta a lezione? *(a piedi)* __________
8. Dove sei stata? *(a cena fuori)* __________

12. Trasformare

1. È salito fino alla Rocca. – Sono saliti fino alla Rocca.
2. È sceso in ascensore. __________
3. È restato a letto. __________
4. È caduto a terra. __________
5. È riuscita a superare l'esame. — Sono riuscite a superare l'esame.
6. È diventata importante. __________
7. È tornata a casa molto tardi. __________
8. È venuta qui in vacanza. __________

13. Completare

1. L'università è chiusa il sabato e la domenica.
2. L' aula è piena di studenti.
3. L' opera è interessante.
4. L' amica di Neil è simpatica.
5. Le università sono chiuse il sabato e la domenica.
6. Le aule sono piene di studenti.
7. Le opere sono interessanti.
8. Le amiche di Neil sono simpatiche.

14. Completare

1. L'orologio è fermo.
2. L' esercizio è difficile.
3. L' ufficio è aperto.
4. L' albergo è nuovo.
5. Gli orologi sono fermi.
6. Gli esercizi sono difficili.
7. Gli uffici sono aperti.
8. Gli alberghi sono nuovi.

i balconi fioriti e i frati francescani

15. Completare

1. Lo zio è ricco.
2. ___ spettacolo è interessante.
3. ___ studente è intelligente.
4. ___ specchio è rotto.
5. Gli zii sono ricchi.
6. ___ spettacoli sono interessanti.
7. ___ studenti sono intelligenti.
8. ___ specchi sono rotti.

16. Completare

1. Questo è un albero molto vecchio.
2. Questo è ______ esercizio difficile.
3. Questo è ______ amico sincero.
4. Questo è ______ orologio antico.
5. Questi sono (degli) alberi molto vecchi.
6. Questi sono ______ esercizi difficili.
7. Questi sono ______ amici sinceri.
8. Questi sono ______ orologi antichi.

17. Completare

1. Ho visto uno spettacolo interessante.
2. Ho invitato ________ studente straniero.
3. Ho fatto ________ sbaglio incredibile.
4. Ho comprato ________ specchio antico.
5. Abbiamo visto (degli) spettacoli interessanti.
6. Abbiamo invitato ________ studenti stranieri.
7. Abbiamo fatto ________ sbagli incredibili.
8. Abbiamo comprato ________ specchi antichi.

18. Completare (con i verbi)

1. E tu che ____________ (ieri)?
2. Niente di importante. La mattina ____________ gli amici al centro; ____________ di sport, di politica, insomma del più e del meno. Nel pomeriggio ____________ fino alle cinque...
3. Appena siamo arrivate, ____________ la Basilica di San Francesco.
4. ____________ qualche ristorante a buon mercato?
5. No, ____________ al sacco. Più tardi siamo scese di nuovo in città, ____________ un po' e, prima di partire, ____________ qualche souvenir.
6. Bene. ____________ una giornata interessante.
La mia, al contrario, è stata noiosa: tutto il pomeriggio a casa, solo; ____________ una lettera e ____________ cassette con lo stereo.

19. Completare (con i verbi)

1. Ieri non ____________ al centro.
2. Infatti ____________ ad Assisi con Annette.
3. Bellissima città: ci ____________ due settimane fa.
4. Niente di importante. ____________ a Perugia.
5. Annette ed io ____________ la mattina alle sette.
Appena ____________, abbiamo visitato la Basilica di San Francesco. Verso mezzogiorno ____________ a piedi fino alla Rocca.
6. Più tardi ____________ di nuovo in città, abbiamo girato un po' e, prima di partire, abbiamo comprato qualche souvenir.

20. Completare (con gli articoli)

1. È lunedì; ______ nuova settimana comincia.
2. Volentieri! ______ cappuccino.
3. ______ mattina mangio solo ______ mela.
4. (Al cameriere) ______ cappuccino e ______ caffè, per favore.
5. Sono rimasto a Perugia. ______ mattina ho incontrato ______ amici al centro.
6. Appena siamo arrivate, abbiamo visitato ______ Basilica di San Francesco: ______ affreschi di Giotto sono splendidi. Poi ______ chiesa di Santa Chiara e ______ Cattedrale di San Rufino. Verso mezzogiorno siamo salite a piedi fino alla Rocca, ma... con ______ fame!
7. Avete passato ______ giornata interessante. ______ mia, al contrario, è stata noiosa: tutto ______ pomeriggio a casa, solo; ho scritto ______ lettera e ho ascoltato cassette con ______ stereo.

21. Completare (con le preposizioni)

1. Neil e Pat sono ______ un bar ______ centro ______ città.
2. Prendi qualcosa ______ me?
3. (______ *cameriere*). Un cappuccino e un caffè, ______ favore. Ieri non sei venuta ______ centro.
4. Infatti sono andata ______ Assisi ______ Annette.
5. Sono rimasto ______ Perugia. La mattina ho incontrato gli amici ______ centro; abbiamo parlato ______ sport, ______ politica, insomma ______ più e ______ meno. ______ pomeriggio ho dormito fino ______ cinque.
6. Appena siamo arrivate, abbiamo visitato la Basilica ______ San Francesco: gli affreschi ______ Giotto sono splendidi. Poi la chiesa ______ Santa Chiara e la Cattedrale ______ San Rufino. Verso mezzogiorno siamo salite ______ piedi fino ______ Rocca, ma... ______ una fame!
7. Avete trovato qualche ristorante ______ buon mercato?
8. No, abbiamo pranzato ______ sacco. Più tardi siamo scese ______ nuovo ______ città, abbiamo girato un po' e, prima ______ partire, abbiamo comprato qualche souvenir.
9. Bene. Avete passato una giornata interessante. La mia, ______ contrario, è stata noiosa: tutto il pomeriggio ______ casa, solo; ho scritto una lettera e ho ascoltato cassette ______ lo stereo.

22. Combinare domanda e risposta

1. Ciao, Pat, come stai?	– No, abbiamo pranzato al sacco.
2. Prendi qualcosa con me?	– No, la mattina mangio solo una mela.
3. Non mangi niente?	– Niente d'importante.
4. E tu che hai fatto?	– Volentieri! Un cappuccino.
5. Avete trovato qualche ristorante a buon mercato?	– Oh, ciao, Neil! Bene, grazie e tu?

23. Combinare le parti di frase

1. Le due amiche	hanno visitato sono partite sono salite hanno girato sono scese hanno comprato hanno pranzato	al sacco. la Basilica di S. Francesco. la mattina alle sette. di nuovo in città. fino alla Rocca. un po'. qualche souvenir.
2. Neil	è rimasto ha incontrato ha dormito ha ascoltato	cassette con lo stereo. fino alle cinque. gli amici. a Perugia.

24. Fare una frase con le parole che seguono

1. Pat e Neil sono al bar per prendere un caffè.
2. La mattina Neil ha dormito fino alle dieci.
3. Dopo pranzo Neil ha fatto una visita alla sua amica.
4. Pat e Annette sono andate a fare la spesa.
5. Ad Assisi hanno visitato la chiesa di San Francesco.
6. Pat e Annette hanno pranzato al ristorante
7. Pat e Annette hanno comprato un regalo per il nonno.

gli sbandieratori

25. Fare la domanda

1. Dove sono Neil e Pat? – Sono in un bar del centro.
2. Che cosa ha fatto Neil? – Neil non ha fatto niente di importante.
3. Che cosa ha scritto? – Neil ha scritto una lettera.
4. Dove è andato? – È andato a letto.
5. Quando sono partite? – Sono partite la mattina alle 7.
6. Fino a dove sono salite? – Sono salite fino alla Rocca.
7. Come ci sono andate? – Ci sono andate a piedi.
8. Che cosa hanno comprato? – Hanno comprato dei souvenir.

5 SINTESI GRAMMATICALE

INDICATIVO: PASSATO PROSSIMO

Poco fa	**ho**	compr**ato**	delle cartoline
Ieri	**hai**	mangi**ato**	al ristorante
L'altro ieri	**ha**	vend**uto**	la vecchia auto
Due giorni fa	**abbiamo**	av**uto**	una visita gradita
Lunedì passato	**avete**	~~ved~~**uto**	un film di Fellini
Il mese scorso Un anno fa	**hanno**	fin**ito**	di scrivere il libro
Nel 1980		prefer**ito**	andare negli Stati Uniti

Attenzione!

Il participio passato dei verbi in ***—are*** (1ª coniugazione) è sempre in ***—ato***.

Il participio passato dei verbi in ***—ere*** (2ª coniugazione) è ***—uto***, con moltissime eccezioni.

Il participio passato dei verbi in ***—ire*** (3ª coniugazione) è in ***—ito,*** tranne poche eccezioni.

VERBI IRREGOLARI

(decidere)		**deciso**	di cambiare casa
(chiudere)	**ho**	**chiuso**	il cane in cucina
(fare)		**fatto**	molte cose
(leggere)	**hai**	**letto**	il suo articolo
(prendere)		**preso**	una importante decisione
(mettere)	**ha**	**messo**	i soldi in banca
(spendere)		**speso**	molto
(scrivere)		**scritto**	una lettera
(chiedere)	**abbiamo**	**chiesto**	un favore a un amico
(dire)		**detto**	la verità
(trascorrere)	**avete**	**trascorso**	una bella vacanza
(bere)		**bevuto**	troppo
(aprire)	**hanno**	**aperto**	un conto in banca
(scoprire)		**scoperto**	una cosa interessante

Ieri	**sono**	**andato/a**	con Annette
L'altro ieri	**sei**	**stato/a**	ad Assisi
La settimana passata	**è**	**rimasto/a**	a Perugia
		partito/a	molto presto
		arrivato/a	tardi
		salito/a	fino alla Rocca
		sceso/a	di nuovo in città
	siamo	**andati/e**	al cinema
	siete	**stati/e**	a lezione
	sono	**rimasti/e**	a casa
		partiti/e	per le vacanze
		arrivati/e	in Italia
		saliti/e	fino alla Rocca
		scesi/e	di nuovo in città

Attenzione!
Altri verbi che prendono l'ausiliare *essere* nei tempi composti: ***venire, entrare, uscire, stare, riuscire, diventare, tornare, ritornare.***

OGNI

Ogni	mattina giorno	vado a lezione, tranne il sabato e la domenica
	uomo	ha (dei) diritti e (dei) doveri
	volta	che la vedo, mi saluta
	cosa	deve essere al suo posto

QUALCHE

Qualche	volta	non capisco quando il professore parla velocemente
	studente	ha la brutta abitudine di arrivare tardi
	giorno fa	è venuto a trovarmi un amico americano

Attenzione!
Ogni e ***qualche*** sono invariabili e sempre usati al singolare.

ARTICOLI CON NOMI E AGGETTIVI MASCHILI CHE COMINCIANO PER **z** O PER **s** + **consonante**

lo/uno			**gli/(degli)**	
lo	**sb**aglio **sc**olaro	⇨	**gli**	**sb**agli **sc**olari
uno	**sp**ettacolo **st**udente **z**io		**(degli)**	**sp**ettacoli **st**udenti **z**ii

NOMI INVARIABILI AL PLURALE

1) I nomi che terminano in **vocale tonica**

È una grande **città**	⇨	Sono (delle) grandi **città**
È un'**università** moderna		Sono (delle) **università** moderne
Questa **virtù** è rara		Queste **virtù** sono rare
Questo **caffè** è forte		Questi **caffè** sono forti

2) I nomi che terminano in –**i**

Questa **tesi** è difficile	⇨	Queste **tesi** sono difficili
È un'**analisi** lunga		Sono (delle) **analisi** lunghe
È un'**ipotesi** possibile		Sono (delle) **ipotesi** possibili
La **diagnosi** è complicata		Le **diagnosi** sono complicate
il problema		i problemi

3) I nomi che terminano in **consonante** (di solito di origine straniera)

Il **bar** è affollato	⇨	I **bar** sono affollati
L'**autobus** è comodo		Gli **autobus** sono comodi
Lo **sport** è utile		Gli **sport** sono utili
Il **film** è divertente		I **film** sono divertenti
È un **gas** pericoloso		Sono **gas** pericolosi

4) I nomi **accorciati**

È una vecchia **foto**	Sono vecchie **foto**
Questa **moto** è nuova	Queste **moto** sono nuove
È un'**auto** veloce	Sono **auto** veloci
Il **cinema** è chiuso	I **cinema** sono chiusi
La **radio** è spenta	Le **radio** sono spente

5) I nomi femminili in **–ie**

È una **specie** nuova	Sono **specie** nuove
È una **serie** lunga	Sono **serie** lunghe

ma: la **moglie** ▸ le **mogli**
la **superficie** ▸ le **superfici**

6) I nomi **monosillabici**

Questo **re** è vecchio	Questi **re** sono vecchi
Questo **tè** è buono	Questi **tè** sono buoni
Questa **gru** è giovane	Queste **gru** sono giovani

PREPOSIZIONI ARTICOLATE

	il	**i**	**la** **l'**	**le**	**lo** **l'**	**gli**
a	al	ai	alla all'	alle	allo all'	agli
da	dal	dai	dalla dall'	dalle	dallo dall'	dagli
di	del	dei	della dell'	delle	dello dell'	degli
in	nel	nei	nella nell'	nelle	nello nell'	negli
su	sul	sui	sulla sull'	sulle	sullo sull'	sugli
con *	col	coi	colla coll'	colle	collo coll'	cogli

* Più frequentemente si trova la preposizione semplice *con* seguita dall'articolo.

5 OCCHIO ALLA LINGUA!

LESSICO

1. – Prendi *qualcosa* con me?
   – No, grazie, non prendo *niente*.
2. – C'è *qualcosa* in frigorifero?
   – C'è *solo* un po' di formaggio.
3. – Hai *qualcosa* da dire?
   – No, non ho *niente* da dire.
4. – Vieni *solo* tu a ballare?
   – No, ci viene anche mia sorella.
5. – Hai comprato *soltanto* delle paste?
   – Sì, *solo* delle paste.
6. – Dove siete arrivate?
   – Siamo salite *fino alla* Rocca.
7. – *Fino a* che ora hai dormito?
   – Ho dormito *fino alle* cinque.
8. – Hai fatto il viaggio con lei?
   Sì, fino a Firenze.
9. – Che cosa hai comprato?
   – Ho comprato *qualche souvenir*.
10. – Chi hai invitato?
    – Ho invitato *qualche amico* .
11. La tua giornata è stata interessante; la mia, *al contrario*, noiosa.
12. Luisa è uscita, io *invece* no.
13. *Appena* (siamo) arrivate, abbiamo visitato la Basilica di San Francesco.
14. Vengo da te *appena* posso.
15. Sono uscito *appena* (ho) pranzato.

> 1. — Scusi, un ufficio per *informazioni turistiche*?
>   — È là, in fondo alla piazza.
> 2. — Vorrei comprare *una pianta della città*.
>   — Compri *questa guida*; ci sono molte notizie.
> 3. — Vediamo. Quali sono *gli itinerari* più interessanti?
> 4. — Questa guida contiene anche *l'orario di apertura e di chiusura dei musei*?
> 5. — Scusi, dov'è una farmacia?
>   — Lei deve *prendere questa strada* e *andare sempre diritto*. Poi deve *girare alla terza traversa* a sinistra. La trova subito.

FUNZIONI — ATTI COMUNICATIVI

Saluti, convenevoli	– Ciao, Pat, come stai? – Ciao, Pat, come va?	– Non c'è male e tu? – Bene, grazie e tu? – Benino e tu? – Male.
Ammirazione Bewunderung	– La città?	– Bellissima!
	– Il panorama?	– Che bello! – Stupendo! Herrlich
	– I dipinti? geniale	– Fantastici! – Magnifici! überwältigend – Che belli!

Dettare il testo che segue

Una gita

Neil e Pat frequentano i corsi di italiano dell'Università italiana per Stranieri di Perugia. Ogni mattina, verso le otto e trenta, prima delle lezioni sono al bar dell'università per fare colazione...

Oggi è lunedì, una nuova settimana di studio comincia: i due amici sono al bar, naturalmente, e parlano di come hanno passato il fine settimana.

Pat racconta che è stata ad Assisi; c'è andata con la sua amica Annette, ed ha visitato la città, le sue chiese, la Rocca e, prima di tornare, ha comprato qualche souvenir.

La sua, è stata una giornata interessante; la giornata di Neil, al contrario, è stata piuttosto monotona e noiosa.

26. Leggere attentamente il testo che precede e ripetere a libro chiuso

27. Completare liberamente le frasi che seguono

1. In questo momento io ______
2. Ieri mattina ______
3. Ieri a pranzo ______
4. E nel pomeriggio ho preferito ______
5. La sera ______
6. Ho visitato ______
7. Ho telefonato a ______
8. Ho scritto ______

28. Domande personalizzate

1. Che cosa ha fatto sabato scorso?
2. E la domenica?
3. Come passa il fine settimana di solito?

29. Per la composizione scritta

1. Un viaggio, o una escursione, o una gita interessante.

Assisi. Basilica di S. Francesco.
Giotto. Vita di S. Francesco.
"Miracolo della Sorgente"

ASSISI

Nel cuore dell'Umbria, lungo il Monte Subasio e a 424 metri sul livello del mare, è Assisi.

I turisti, che qui vengono durante tutto l'anno da ogni parte del mondo, restano sorpresi e stupiti dai tesori d'arte e dai ricordi francescani che la città conserva.

L'aspetto medioevale di Assisi si vede ancora intatto nelle strade strette, nelle piazze, nei monumenti, nelle mura che la circondano, nella Rocca che dall'alto la guarda e la protegge.

Il panorama che si apre su una splendida vallata, i tesori artistici, i numerosi e confortevoli alberghi, fanno di Assisi il posto ideale per lunghi soggiorni.

Assisi. Sacro Convento e Basilica di S. Francesco.

Assisi. Chiesa di Santa Chiara.

Assisi. Basilica di San Francesco.
Giotto. Vita di San Francesco. "Predica agli uccelli"

ASSISI (DAL VIDEOCORSO)

Nell'Italia centrale, nel cuore dell'Umbria, è Assisi.
Ricca di chiese, di monumenti e di ricordi francescani, l'aspetto medioevale di Assisi si vede nelle strade strette, nelle piazze, nei monumenti, nella Rocca, che dall'alto la guarda e la protegge.
Nel panorama che si apre su una splendida pianura, ecco la basilica di Santa Maria degli Angeli.
La Basilica di San Francesco, ad Assisi, è formata da due chiese: la parte superiore e la parte inferiore.
Nella parte inferiore ci sono affreschi di pittori famosi del Duecento e del Trecento quali: Cimabue, Giotto, i Lorenzetti, Simone Martini.
La Chiesa Superiore è splendida e preziosa per gli affreschi di Giotto che descrivono la vita di San Francesco.

Assisi. Basilica di S. Francesco.

Assisi. Basilica di S. Chiara.
Tavola del maestro di S. Chiara (sec. XIII).

Basilica di San Francesco

Sono due chiese: la parte Superiore e l'Inferiore, più la Cripta, dove è la tomba di San Francesco.

Nella parte inferiore ci sono affreschi di pittori famosi del '200-'300 quali: Cimabue, Giotto, i Lorenzetti, Simone Martini.

La chiesa Superiore è splendida e preziosa per gli affreschi di Giotto che descrivono la vita di San Francesco.

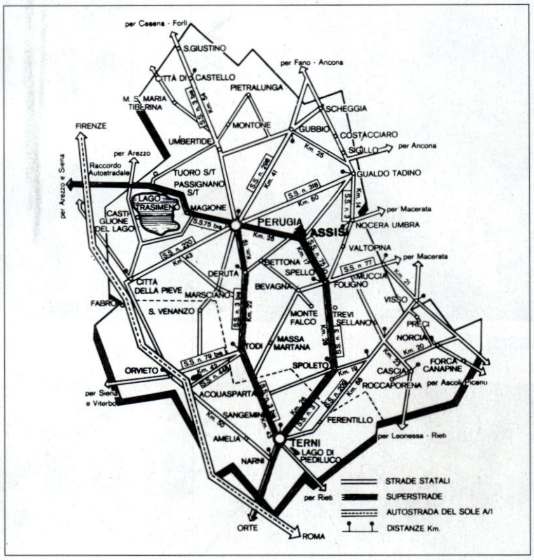

Assisi. Cattedrale di San Rufino (a sinistra) e Chiesa di Santa Chiara (a destra).

PERUGIA

L'origine della città è in periodo preistorico.
Tra i secoli VI e III avanti Cristo Perugia è etrusca.
Dopo il 295 avanti Cristo è romana.
Nel Medio Evo è centro autonomo, molto attivo per la cultura (la sua Università è del 1308), per la politica e per l'arte.

Perugia. Palazzo dei Priori e Fontana Maggiore.

La Piazza IV Novembre

È il centro, è il cuore della città. In essa si incontrano tutte le strade principali.

È circondata dai monumenti più belli.

Da un lato il *Palazzo dei Priori,* tra i maggiori esempi di edificio comunale d'età gotica.

Dall'altro lato il *Duomo,* che con la sua facciata laterale e i lunghissimi scalini, occupa quasi tutta la piazza.

Negli altri due lati c'è il *Palazzo Vescovile* e di fronte *il Palazzetto dei Notari* (del Quattrocento).

Nel centro la *Fontana Maggiore* (1278), il più importante monumento di Perugia, dal punto di vista artistico.

Perugia. Palazzo Gallenga.

Palazzo Gallenga, già Palazzo Antinori, è il più bel monumento del Settecento a Perugia.

Dal 1927 è la sede dell'Università Italiana per Stranieri, proprio a fianco del celebre *Arco Etrusco.*

PERUGIA (DAL VIDEOCORSO)

Perugia è etrusca, romana e medioevale. La strada principale di Perugia, il Corso Vannucci, porta alla Piazza IV Novembre. Nel centro della Piazza, la Fontana Maggiore. Da un lato il Palazzo dei Priori, dall'altro lato il Duomo che, con i lunghissimi scalini, occupa quasi tutta la piazza.
Negli altri due lati c'è il Palazzo Vescovile e di fronte il Palazzetto dei Notari.
Palazzo Gallenga dal 1927 è la sede dell'Università Italiana per Stranieri, proprio a fianco del celebre Arco Etrusco.

30. Questionario

1. In quale regione italiana si trova Assisi?
2. Perché Assisi si dice "cuore dell'Umbria?"
3. A quanti metri sul livello del mare si trova?
4. Come sono le strade di Assisi?
5. Descriva la basilica di San Francesco, come la può osservare dalla fotografia.
6. Che cosa c'è nella parte inferiore della Basilica di San Francesco?
7. E nella Cripta?
8. Chi ha dipinto la parte Superiore e cosa è rappresentato negli affreschi?
9. Quali altri monumenti di Assisi ricorda?

INDICATIVO: FUTURO

due cartoline

6 Doris è tornata da poco tempo in Germania e scrive una cartolina all'amica Anna.

Cara Anna,

da pochi giorni sono tornata a Berlino, ma già sento la nostalgia dell'Italia.

Ogni giorno con i miei parlo di te e della tua famiglia: non *dimenticherò* mai la cortesia che ho trovato a casa tua.

La prossima estate, in luglio, *prenderò* ancora un mese di vacanza e *tornerò* certamente in Italia. *Dovrò* lavorare molto per avere il denaro necessario, ma *riuscirò* a realizzare il mio progetto.

Porterò anche il mio fratello minore che, appena *avrà finito* gli esami, *comincerà* a girare il mondo, a conoscere gente e... *mangerà* spaghetti italiani!!!

Un caro saluto a voi tutti.

Doris

(Anna risponde all'amica).

Cara Doris,

ho ricevuto la tua cartolina e voglio dirti che tutti sentiamo la tua mancanza. Qualche volta parlo di te anche con Roberto ...

Saremo molto contenti se *avrai* con te tuo fratello l'anno prossimo;

per lui *cercheremo* una buona camera presso amici di famiglia dove *pagherà* sicuramente un prezzo ragionevole e *starà* bene con persone gentili che lo *aiuteranno* in tutto.

Arrivederci fra un anno. Un abbraccio,

tua Anna

6 COMPRENDERE

1. Scelta multipla

1. Doris è tornata a Berlino	☒ da pochi giorni ☐ un mese fa ☐ l'anno scorso
2. Doris sente per l'Italia	☐ simpatia ☒ nostalgia ☐ indifferenza
3. La prossima estate prenderà un mese di	☐ stipendio ☒ vacanza ☐ permesso
4. Doris riuscirà a	☐ guadagnare molto ☐ fare un bel viaggio ☒ realizzare il suo progetto
5. Doris porterà anche	☐ il fratello maggiore ☒ il fratello minore ☐ la sorella gemella
6. A casa di Anna tutti sentono	☐ la presenza di Doris ☒ la mancanza di Doris ☐ la simpatia di Doris
7. Anna qualche volta parla di Doris con	☒ Roberto ☐ Antonio ☐ Rolando
8. Cercheranno per il fratello	☒ una buona camera ☐ una comoda pensione ☐ un mini-appartamento
9. Il fratello pagherà un prezzo	☐ alto ☒ ragionevole ☐ basso
10. Il fratello starà con persone gentili che lo	☒ aiuteranno ☐ seguiranno ☐ accompagneranno

2. Vero o Falso?

	V	F
1. Doris tornerà fra pochi giorni a Berlino.	☒	☐
2. Doris sente la mancanza dell'Italia.	☒	☐
3. Raramente Doris parla di Anna in famiglia.	☐	☒
4. Non dimenticherà mai la cortesia di Anna.	☒	☐
5. La prossima estate prenderà due mesi di vacanza.	☐	☒
6. Dovrà lavorare molto per risparmiare denaro.	☒	☐
7. Anna ha ricevuto l'espresso di Doris.	☐	☒
8. Il fratello di Doris abiterà con la famiglia di Anna.	☐	☒

immobiliare BIANCHI
Corso Vannucci, 107
Perugia
(075) 20898

VIA DEL GALLO: piccolo appartamento camera, cucina, w.c., fondo per moto. L. 25.000.000. tratt.

PIEVE DI CAMPO: su piccolo condominio, vendiamo appartamento mq. 100 con giardino e garage. L. 70.000.000.

LARGO CACCIATORI DELLE ALPI: bellissimo appartamento composto: 5 vani, cucina, bagno, w.c., termautonomo metano, mq. 148. L. 140.000.000.

VIA CARTOLARI: piccolo appartamento bicamere e servizi, libero. L. 30.000.000.

PORTA S.GIROLAMO: (1 Km.) vicino Facoltà Veterinaria agraria, piccolo appartamento arredato, termometano. Lire 29.000.000.

S.ANNA: piccola unità mq. 50, 2 camere, cucina, bagno, balcone. L. 38.000.000.

VIA TEANO: appartamento 3 camere, cucina, bagno, terrazzo, mq. 80. L. 50.000.000 tratt.

PONTE S.GIOVANNI: nuovo, ingresso, soggiorno, camera, cucina, bagno, giardino. L. 37.000.000.

APPARTAMENTO quadrivio M.Alta, secondo piano, mq. 120. L. 70.000.000. Libero.

CAPOCAVALLO: casetta per week-end, tre vani, cucinetta con camino, w.c., fondo, orto. L. 16.000.000.

BIANCHI.....SE SI TRATTA DI CASE...

compra-vendita di abitazioni

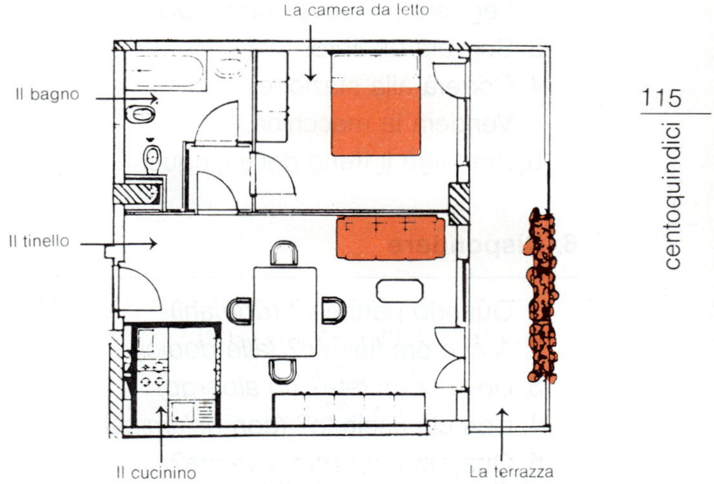

un miniappartamento

3. Questionario

1. *Chi* è Doris?
2. *Dove* è tornata?
3. *A chi* scrive?
4. *Di chi* parla con i suoi genitori?
5. *Che cosa* non potrà dimenticare?
6. *Quando* prenderà ancora le vacanze?
7. *Dove* andrà?
8. *Che cosa* dovrà fare per risparmiare denaro?
9. *Chi* porterà in Italia?
10. *Che cosa* sentono gli amici di Doris?
11. Anna *con chi* parla di Doris?
12. *Chi* può essere Roberto?
13. *Con chi* abiterà il fratello di Doris?

4. Rispondere

1. Quando tornerai in Italia? *(l'anno prossimo).* — Tornerò in Italia l'anno prossimo.
2. Chi porterai? *(mio fratello)* ____________________
3. Dove abiterai? *(presso una famiglia)* ____________________
4. Quando arriverai? *(fra una settimana)* ____________________
5. Dove aspetterai? *(al bar)* ____________________
6. A chi telefonerai? *(a Doris)* ____________________

5. Trasformare

1. Risponderà alla lettera. — Risponderanno alla lettera.
2. Leggerà la nuova commedia. ____________________
3. Scriverà un libro. ____________________
4. Correrà alla stazione. ____________________
5. Venderà la macchina. ____________________
6. Prenderà il treno delle cinque. ____________________

6. Rispondere

1. Quando partirete? *(domani)* — Partiremo domani.
2. A che ora finirete? *(alle dodici)* ____________________
3. Dove dormirete? *(in albergo)* ____________________
4. Con chi uscirete? *(con un'amica)* ____________________
5. Quando riuscirete a venire? *(fra giorni)* ____________________
6. Dove preferirete mangiare? *(qui)* ____________________

7. Rispondere

1. Dove lavorerai? *(all'estero)* — Lavorerò all'estero.
2. A chi scriverai? *(a Doris)* ____________________
3. Con chi uscirai? *(con Anna)* ____________________
4. Quanto tempo resterai? *(un mese)* ____________________
5. Che cosa preparerai? *(delle tartine)* ____________________
6. Che cosa risponderai? *(di no)* ____________________

8. Trasformare

1. Domani sarò a Roma. — Domani saremo a Roma.
2. Domani avrò molte cose da fare. ______
3. Domani dovrò partire. ______
4. Domani potrò riposare. ______
5. Domani saprò chi è il nuovo presidente. ______
6. Domani andrò via. ______

9. Rispondere

1. Quando verrete? *(il mese prossimo)* — Verremo il mese prossimo.
2. Quanto tempo rimarrete in città? *(una settimana)* ______
3. Che cosa berrete con il pesce? *(vino bianco)* ______
4. Quando darete una festa? *(sabato sera)* ______
5. Con chi starete domani? *(insieme a loro)* ______
6. Che cosa farete domani? *(una gita al lago)* ______

10. Trasformare

1. Se sarà libero, andrà in giro. — Se saranno liberi, andranno in giro.
2. Se avrà tempo, farà una passeggiata. ______
3. Se potrà, rimarrà ancora. ______
4. Quando lo saprà, lo dirà. ______
5. Quando starà bene, potrà finire il lavoro. ______
6. Appena sarà a Roma, dovrà fare molte cose. ______

11. Trasformare

1. Dopo che avrò pranzato, riposerò un po'. — Dopo che avremo pranzato, riposeremo un po'.
2. Dopo che avrò riposato, studierò. ______
3. Dopo che avrò studiato, farò gli esercizi. ______
4. Dopo che avrò fatto gli esercizi, uscirò. ______
5. Dopo che avrò finito, verrò da te. ______
6. Dopo che avrò superato l'esame, andrò in vacanza. ______

12. Rispondere

1. Che cosa farai dopo che sarai arrivato? *(telefonare)* — Dopo che sarò arrivato, telefonerò.
2. Che cosa farai dopo che sarai ritornato nel tuo paese? *(cercare un lavoro)* ______
3. Che cosa farai dopo che sarai guarito? *(fare un lungo viaggio)* ______
4. Che cosa farai dopo che sarò partita? *(fare una passeggiata)* — Dopo che sarai partita, farò una passeggiata.
5. Che cosa farai dopo che sarò uscita? *(cominciare a studiare)* ______
6. Che cosa farai dopo che sarò andata via? *(guardare la TV)* ______

13. Trasformare

1. Prima riceveremo il denaro e poi cambieremo la macchina. — Cambieremo la macchina dopo che avremo ricevuto il denaro.
2. Prima frequenteremo il corso iniziale e poi faremo il corso avanzato. ______
3. Prima prenderemo un appuntamento e poi incontreremo gli amici. ______
4. Prima studieremo e poi usciremo. ______
5. Prima mangeremo e poi leggeremo il giornale. ______
6. Prima finiremo il corso e poi partiremo. ______

14. Completare (con il futuro)

1. Non __________ mai la cortesia che ho trovato a casa tua.
2. La prossima estate, in luglio, __________ ancora un mese di vacanza e __________ certamente in Italia.
3. __________ lavorare molto per avere il denaro necessario, ma __________ a realizzare il mio progetto.
4. __________ anche il mio fratello minore che, appena __________ __________ gli esami, __________ a girare il mondo, a conoscere gente e.. __________ spaghetti italiani!!
5. __________ molto contenti se __________ con te tuo fratello l'anno prossimo.
6. Per lui __________ una buona camera presso amici di famiglia dove __________ sicuramente un prezzo ragionevole e __________ bene con persone gentili che lo __________ in tutto.

15. Completare (con il passato prossimo)

1. Doris __________ da poco tempo in Germania e scrive una cartolina all'amica Anna.
2. Da pochi giorni __________ a Berlino, ma già sento la nostalgia dell'Italia.
3. Non dimenticherò mai la cortesia che __________ a casa tua.
4. __________ la tua cartolina e voglio dirti che tutti sentiamo la tua mancanza.

l'ufficio postale

16. **Completare** (con le preposizioni)

1. Doris è tornata ______ poco tempo ______ Germania e scrive una cartolina ______ 'amica Anna.
2. Cara Anna, ______ pochi giorni sono tornata ______ Berlino, ma già sento la nostalgia ______ 'Italia.
3. Ogni giorno ______ i miei parlo ______ te e ______ tua famiglia.
4. La prossima estate, ______ luglio, prenderò ancora un mese ______ vacanza e tornerò certamente ______ Italia.
5. Dovrò lavorare molto ______ avere il denaro necessario, ma riuscirò ______ realizzare il mio progetto.
6. Porterò anche il mio fratello minore, che comincerà ______ girare il mondo, ______ conoscere gente.
7. Un caro saluto ______ voi tutti.
8. Anna risponde ______'amica.
9. Qualche volta parlo ______ te anche ______ Roberto.
10. Saremo molto contenti se avrai ______ te tuo fratello l'anno prossimo; ______ lui cercheremo una buona camera presso amici ______ famiglia dove starà bene ______ persone gentili che lo aiuteranno ______ tutto.

i francobolli

17. Completare (con gli articoli)

1. Doris è tornata da poco tempo in Germania e scrive ________ cartolina all'amica Anna.
2. Cara Anna, da pochi giorni sono tornata a Berlino, ma già sento ________ nostalgia dell'Italia.
3. Ogni giorno con ________ miei, parlo di te e della tua famiglia: non dimenticherò mai ________ cortesia che ho trovato a casa tua.
4. ________ prossima estate, in luglio, prenderò ancora ________ mese di vacanza.
5. Dovrò lavorare molto per avere ________ denaro necessario, ma riuscirò a realizzare ________ mio progetto.
6. Porterò anche ________ mio fratello minore che, appena avrà finito ________ esami, comincerà a girare ________ mondo, a conoscere gente.
7. ________ caro saluto a voi tutti.
8. Ho ricevuto ________ tua cartolina e voglio dirti che tutti sentiamo ________ tua mancanza.
9. Saremo molto contenti se avrai con te tuo fratello ______'anno prossimo.
10. Per lui cercheremo ________ buona camera presso amici di famiglia dove pagherà sicuramente ________ prezzo ragionevole.
11. Arrivederci fra ________ anno. ________ abbraccio.

18. Riordinare le parole

1. tornata - scrive - amica - poco - e - all' - tempo - è - Germania - da - cartolina - Doris - in - una - Anna.
2. amica. - risponde - all' - Anna

19. Riordinare le parti di frase

1. parlo di te
2. non dimenticherò mai
3. a casa tua.
4. con i miei
5. che ho trovato
6. la cortesia
7. Ogni giorno
8. e della tua famiglia:

il portalettere

20. Combinare le parti di frase

1. Cara Anna,	da pochi giorni già sento ogni giorno con i miei la prossima estate dovrò lavorare molto.	parlo di te. prenderò ancora un mese di vacanza. per avere denaro. la nostalgia dell'Italia. sono tornata a Berlino.
2. Cara Doris,	qualche volta parlo di te saremo molto contenti per lui cercheremo	una buona camera. se avrai con te tuo fratello. anche con Roberto...

21. Fare una frase con le parole che seguono

1. Doris è tornata da poco tempo in Germania e ____________________
2. Cara Anna, ogni giorno con i miei parlo di ____________________
3. Non dimenticherò mai ____________________
4. La prossima estate ____________________
5. Cara Doris, ho ricevuto la tua cartolina e voglio ____________________
6. Saremo contenti se ____________________
7. Per tuo fratello cercheremo ____________________

22. Fare la domanda

1. Chi sono Anna e Doris? – Sono due amiche.
2. ____________________ ? – Doris è tornata in Germania.
3. ____________________ ? – Scrive una cartolina.
4. ____________________ ? – Scrive una cartolina all'amica.
5. ____________________ ? – Sente la nostalgia dell'Italia.
6. ____________________ ? – Prenderà ancora un mese di vacanza.
7. ____________________ ? – L'anno prossimo.
8. ____________________ ? – Porterà anche il fratello minore.
9. ____________________ ? – Cercheranno una buona camera per il fratello.
10. ____________________ ? – Presso amici di famiglia.
11. ____________________ ? – Pagherà un prezzo ragionevole.
12. ____________________ ? – Starà proprio bene.

INDICATIVO: FUTURO SEMPLICE

Fra poco Fra pochi minuti Domani Dopo domani	telefone– scrive–	**–rò** **–rai** **–rà** **–remo** **–rete** **–ranno**	a Gaia
La settimana prossima Il mese prossimo Fra un mese	parti–		per l'America
L'anno prossimo Fra un anno	fini–		la ricerca

VERBI IRREGOLARI

(essere)	**sa–**	**– rò** **– rai** **– rà** **– remo** **– rete** **– ranno**	a Torino domani
(avere)	**av–**		molte cose da fare
(vedere)	**ved–**		una bella commedia stasera
(dovere)	**dov–**		partire presto
(potere)	**pot–**		riposare finalmente
(volere)	**vor–**		sapere la verità
(sapere)	**sap–**		chi è il nuovo presidente
(andare)	**and–**		via subito
(venire)	**ver–**		qui l'anno prossimo
(rimanere)	**rimar–**		in città
(bere)	**ber–**		vino nero
(dare)	**da–**		una festa in giardino
(stare)	**sta–**		in casa tutto il giorno
(dire)	**di–**		come stanno le cose
(tenere)	**ter–**		la bocca chiusa
(porre)	**por–**		ogni cosa in ordine
(tradurre)	**tradur–**		la lettera in inglese

VERBI IN –**ciare** e –**giare**
–**care** e –**gare**

Comin**ci-are**, man**gi-are**, dimenti**c-are**, pa**g-are**

Comin**ce**–	–rò –rai –rà –remo –rete –ranno	a girare il mondo
Man**ge**–		spaghetti italiani
Non dimenti**che**–		la gentilezza di Anna
Pa**ghe**–		un prezzo ragionevole

	FUTURO ANTERIORE	FUTURO SEMPLICE
Dopo che Quando Appena	**avrò finito** gli esami,	**farò** un viaggio
	avremo parlato con i miei,	**telefoneremo**
	saremo stati al cinema,	**passeremo** da voi
	saranno arrivati i nostri cugini,	**partiremo** tutti per la campagna
	avrò terminato,	**uscirò**

Uso prevalente del futuro

- **azione futura** (Domani telefonerò in agenzia per prenotare il biglietto)
- **comando** (Ora farai tutto ciò che è necessario e perciò non uscirai)
- **incertezza o dubbio** (Dove saranno ora i nostri amici e che cosa faranno? Che ore sono? - Non ho l'orologio, ma saranno le dodici)

PLURALI PARTICOLARI

Nomi e aggettivi femminili in – **ca** e – **ga** ⇒ – **che** e – **ghe**

È un'ami**ca** tedes**ca**	Sono ami**che** tedes**che**
La ban**ca** è chiusa	Le ban**che** sono chiuse
La signorina gre**ca** è stan**ca**	Le signorine gre**che** sono stan**che**
La botte**ga** non è aperta	Le botte**ghe** non sono aperte
È una strada lar**ga** e lun**ga**	Sono strade lar**ghe** e lun**ghe**

Nomi e aggettivi maschili in – **co** e – **go** ⇒ – **chi/ci** e – **ghi/gi**

È un ami**co** tedes**co**	Sono ami**ci** tedes**chi**
È uno studente gre**co**	Sono studenti gre**ci**
È un ar**co** anti**co**	Sono ar**chi** anti**chi**
È un ragazzo tur**co**	Sono ragazzi tur**chi**
È un bravo medi**co**	Sono bravi medi**ci**
È un meccani**co** molto prati**co**	Sono meccani**ci** molto prati**ci**
Sto in un alber**go** confortevole	Stiamo in alber**ghi** confortevoli
Conosco un famoso chirur**go**	Conosciamo famosi chirur**ghi/gi**

Vocale + – **cia** e – **gia** ⇒ – **cie** e – **gie**

È	una cilie**gia** matura	Sono	(delle) cilie**gie** mature
	una vali**gia** pesante		(delle) vali**gie** pesanti
	una parete gri**gia**		(delle) pareti gri**gie**
	una cami**cia** pulita		(delle) cami**cie** pulite

Consonante + – **cia** e – **gia** ⇒ – **ce** e – **ge**

È	una pronun**cia** difettosa	Sono	(delle) pronun**ce** difettose
	una piog**gia** fastidiosa		(delle) piog**ge** fastidiose
	una spiag**gia** affollata		(delle) spiag**ge** affollate

Ma: – **cịa** e – **gịa** (quando la ị è tonica) ⇒ – **cịe** e – **gịe**

La farma**cịa** è chiusa	Le farma**cịe** sono chiuse
È una nevral**gịa** dolorosa	Sono nevral**gịe** dolorose
È una brutta bu**gịa**	Sono brutte bu**gịe**

MESI DELL'ANNO E STAGIONI

Siamo Il corso comincia Vado in vacanza Sarò libero/a Sono arrivato/a qui Ho comprato un'auto	nel mese di	gennaio febbraio marzo aprile maggio giugno luglio agosto settembre ottobre novembre dicembre
	in	estate autunno inverno primavera

OCCHIO ALLA LINGUA!

LESSICO

1. – Anna e Doris sono due ragazze: *l'una* è italiana, *l'altra* è tedesca.
2. – Quale pasta vuoi? Questa alla crema o questa al cioccolato?
   – *L'una* e *l'altra*.
3. – Faremo due gruppi di studenti: *gli uni* andranno a visitare il museo, *gli altri* la cattedrale, ma tutti dovranno essere qui a mezzogiorno.
4. – *Ho preso in affitto* una camera al centro.
   – Ah sì? Quanto *paghi d'affitto*?
5. – Io *ho dato in affitto* il mio appartamento.
6. – Le due ragazze *sono diventate* amiche.
7. – Non ti piace questo vino?
   – No, è cattivo, *è diventato* aceto.
8. – Pierino, che cosa farai quando sarai grande?
   – *Voglio diventare* un ingegnere.
9. – *Questa volta* vengo con te, ma *la prossima volta* andrò al cinema con mio fratello.
10. – A quest'ora torni a casa? *È la prima e l'ultima volta* che ti faccio uscire.

1. – Quanto pago per *una raccomandata* con *ricevuta di ritorno*?
2. – Che cosa cerca, signorina?
   – Devo *spedire un pacchetto*. Dov'è *l'accettazione pacchi*?
3. – Per *l'affrancatura* a quale sportello mi rivolgo?
   – A quello sportello, signore: lì, trova *i francobolli*.
4. – Il prezzo per *un espresso* è alto!
   – Lo so. Ma se vuole *fare arrivare presto* la Sua lettera...
5. – Dove posso *imbucare*?
   – *La buca delle lettere* è di fianco al negozio.

le cartoline

FUNZIONI	**ATTI COMUNICATIVI**
Interpellare per lettera	– Cara Anna, ... – Gentile signora, ... – Gentile signore, ... – Spettabile ditta, ...
Prendere congedo per lettera	– Cari saluti. – Con i migliori saluti. – Cordiali saluti. – Un abbraccio. – Baci.
Trasmettere i saluti	– Saluta Roberto. – Tanti saluti a Roberto.
Intenzione, voglia, decisione di fare	– Ho voglia di tornare in Italia. – La prossima estate tornerò in Italia. – Ho deciso di tornare in Italia. – Ho intenzione di tornare in Italia.
Rinuncia (negazione della decisione)	– Penso che non tornerò in Italia. – Ho deciso di non tornare. – Non ho voglia di tornare. – Non mi va.

Dettare il testo che segue

Due cartoline

Anna e Doris sono due amiche. L'una è italiana, l'altra è tedesca.

Doris ha preso in affitto una camera in casa di Anna, durante il suo soggiorno italiano. Le ragazze sono diventate amiche.

Ora Doris è tornata in patria e sente la necessità di scrivere due righe all'amica. Dice che non potrà dimenticare le gentilezze che ha ricevuto e comunica che, l'estate prossima, tornerà certamente in Italia.

Questa volta, porterà anche il fratello più piccolo, che in luglio avrà finito gli esami.

Anna risponde all'amica che tutti in famiglia la ricordano con simpatia e sentono la sua mancanza. Ci sarà sicuramente un posto per Doris l'anno prossimo; e per il fratello troveranno una buona sistemazione presso amici, dove pagherà poco e starà bene.

23. Leggere attentamente il testo che precede e ripetere a libro chiuso

il telegramma e il vaglia

la buca delle lettere

24. Domande personalizzate

1. Ha una camera o un appartamento in affitto?
2. Vive da solo/a o con altri?
3. È stato/a in Italia?
4. Andrà in Italia?
5. Che cosa farà quando sarà in Italia?
6. Quali persone non potrà dimenticare mai?
7. E perché?
8. Quali fatti o luoghi ricorderà sempre con piacere?
9. E perché?

25. Per la composizione scritta

1. Parli delle Sue prossime vacanze, in patria o all'estero.
2. In una lettera ad un amico presenti i progetti per il futuro.

I PASTI

I pasti principali in Italia sono due: il pranzo e la cena.

Il pranzo (dalle ore 13 alle 14) ha una importanza particolare nei giorni di festa.

Le fabbriche, gli uffici, le scuole, i negozi sono chiusi. La famiglia al completo, libera da differenti impegni di lavoro, si ritrova unita a tavola.

Il pranzo di una famiglia media comprende in genere:

- un *primo piatto* di pasta con salsa (maccheroni, o spaghetti o tagliatelle o rigatoni o tortellini o lasagne o risotto);
- un *secondo piatto* di carne varia o pesce, con contorno di verdura cotta o insalata;
- dolce;
- frutta fresca di stagione.

La pasta.

La cena (ore 20 circa) comprende di solito:

- un *primo piatto* di minestra o brodo di carne;
- un *secondo piatto* di formaggi vari o affettati o uova con contorno;
- frutta fresca.
- È importante ricordare che sulla tavola italiana non manca mai il vino e il pane.

il ristorante dell'Hotel Grifone di Perugia all'insegna della cucina umbra ha preparato

I vini

Grechetto dell'Umbria
delle Cantine Caprai

Rosato dei Colli Altotiberini
delle Cantine Polidori

Sagrantino di Montefalco 1981
delle Cantine Benincasa

Vinsanto
delle Cantine Lungarotti

Amaro Francescano

* * *

Il tavolo degli antipasti con

Prosciutto, capocollo e torta sul testo
Crostini alla perugina
Bruschetta e olive all'arancia

Umbricelli ai funghi di bosco
e l'Impastoiata

Stracotto di manzo al Sagrantino
sedani di Trevi alla parmigiana
lenticchie del Castelluccio

Il carello dei dolci con

Zuppa inglese, Brustengolo
Serpentone delle monache
Torcolo di S. Costanzo
Fave dei morti

Frutta di stagione
Caffè

"Attraverso un Paese e la sua cucina"

Tci

RISTORANTI DEL BUON RICORDO
"la buona cucina italiana"

il caffè.

gli aperitivi.

pane e cioccolato.

la bruschetta:
pane tostato, aglio, olio e sale.

pane e vino.

- Al mattino, prima del lavoro, quasi sempre un caffè o un cappuccino e una pasta sono *la colazione* di un italiano.
- Alle undici e trenta, è diffusa l'abitudine di *uno spuntino:* un panino o un succo di frutta o una pasta.
- Alle diciassette è d'obbligo per i bambini *la merenda:* pane e cioccolata, pane e prosciutto, pane e mortadella, pane e marmellata o frutta.

I maccheroni e gli spaghetti: li mangia tutto il mondo; sono presenti oggi nei dizionari di tutte le lingue; sono considerati cibo italiano per eccellenza.

La pasta fa ingrassare? Certamente non più di altri cibi. La pasta è alimento base degli Italiani, che pure, in generale, non sono più grassi di altri popoli.

Vari tipi di pasta.

Ricetta: *SPAGHETTI ALL'AGLIO e OLIO*

Per quattro persone:

quattro etti di spaghetti,
due spicchi d'aglio,
un pezzetto di peperoncino rosso
olio d'oliva, sale.

Il tempo necessario: circa venti minuti.

Cuocere gli spaghetti.
Qualche minuto prima di togliere gli spaghetti dal fornello, far scaldare mezzo bicchiere di olio, aggiungere l'aglio e il peperoncino tritati all'olio crudo.

SPAGHETTI ALLA CARBONARA

Per quattro persone:
quattro etti di spaghetti,
un etto di pancetta di maiale,
trenta grammi di burro,
mezzo etto di parmigiano (o pecorino) grattugiato,
quattro uova,
qualche cucchiaiata di panna,
olio, sale, pepe.

Il tempo necessario: circa mezz'ora.

Cuocere la pasta.
Nel frattempo sbattere le uova in una capace terrina e unirvi un pizzico di pepe, la panna e il formaggio. Far rosolare la pancetta tagliata a pezzetti con qualche cucchiaio di olio, poi toglierla dal fuoco.
Scolare la pasta, versarla nella terrina contenente le uova e mescolare con energia.
Versare sopra la pancetta con il suo grasso di cottura ben caldo e servire.

I PASTI (DAL VIDEOCORSO)

Sulla tavola degli italiani: maccheroni, spaghetti, fusilli, pipe, tortellini.
Con pomodoro, basilico, olio d'oliva è la caratteristica salsa italiana.
E sopra tanto formaggio parmigiano.
È il piatto tipico.
Parmigiano sugli spaghetti e... sull'insalata.
E la mozzarella: magra e fresca, per la pizza al pomodoro.
Il pranzo della festa che vede unita tutta la famiglia: un primo piatto di tagliatelle, un secondo piatto di carne e verdure, un buon bicchiere di vino, frutta e formaggio e per finire una tazzina di caffè.
Sempre presente nei pasti italiani è il pane.
Spesso nella merenda i ragazzi lo preferiscono con formaggio, salame, mortadella o prosciutto.

Le fabbriche italiane producono più di seicento tipi di pasta.

Confezione di spaghetti.

Spaghettini.

Spaghetti.

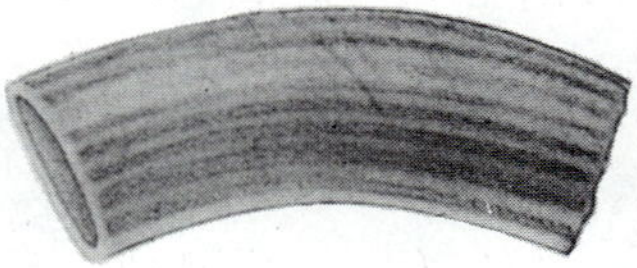

Rigatoni.

Penne rigate.

Pennine rigate.

Penne lisce.

Fusilli.

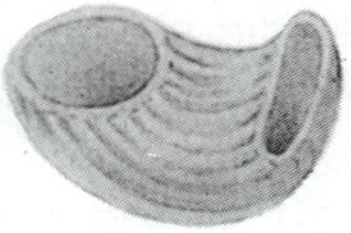

Pipe rigate.

Tortiglioni.

26. Questionario

1. Quali sono i pasti principali in Italia?
2. Quale è il pranzo tipico di una famiglia media italiana?
3. Che cosa comprende generalmente la cena?
4. Quale è la colazione di un italiano prima del lavoro?
5. La merenda: che cosa è?
6. Parli dei maccheroni italiani.
7. Quale cibo italiano preferisce in assoluto?
8. Conosce la "ricetta" di un piatto tipico italiano? Provi a descriverla.

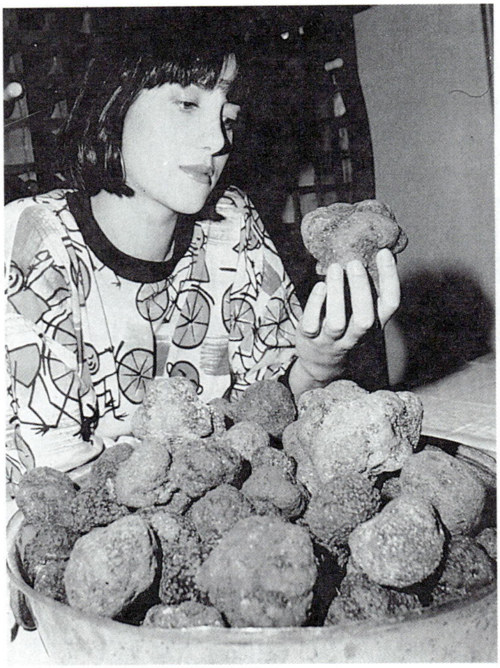

I tartufi.

Le salsicce.

Le castagne arrosto o caldarroste.

RIFLESSIVI E PRONOMINALI

una visita

7

Carlo Rossini *si trova* a Milano, grande città dell'Italia del Nord, per lavoro. *Si è sistemato* in albergo.

È qui da due giorni e alla fine di una giornata faticosa, fa una visita ad Alfredo, conosciuto durante il servizio militare.

Dopo che *si è riposato* un po', *si alza*, *si lava*, *si veste* e *si prepara* ad uscire.

In casa di Alfredo i due amici *si siedono* in salotto e *si mettono* a parlare.

Alfredo:
Ma che bella sorpresa! Da quanto tempo non *ci vediamo*! *Ti ricordi* quante belle chiacchierate abbiamo fatto insieme?

Carlo:
Mi ricordo tutto.

Alfredo:
Hai rivisto qualcuno dei vecchi amici?

Carlo:
No, non ho rivisto nessuno fino ad oggi.

Alfredo:
Ma come mai sei qui a Milano? Quanto tempo *ti fermi*?

Carlo:
Mi fermo due o tre giorni ancora: il tempo necessario per visitare la mostra di elettrodomestici che *si è aperta* ieri.

Alfredo:
Dunque *ti occupi* di elettrodomestici...

Carlo:
Sì, la ditta dove lavoro *si chiama* Eldom e *si è specializzata* nella fabbricazione di piccoli elettrodomestici.

Alfredo:
Come *ti trovi* nella tua ditta?

Carlo:
Mi trovo bene. Ho molto lavoro e non ho il tempo di *annoiarmi*

Alfredo:
Bene. Ma ora dobbiamo *organizzarci* per la serata. Starai a cena da me e poi con mia moglie andremo a vedere le corse dei cavalli.

Carlo:
Non *mi intendo* di corse di cavalli, ma sono sicuro che *ci divertiremo*.

7 COMPRENDERE

1. Scelta multipla

1. Carlo Rossini si trova	☐ in Sicilia ☐ a Milano ☐ a casa
2. Milano è una grande città dell'Italia	☐ del Nord ☐ del Sud ☐ del Centro
3. Carlo si ferma a Milano ancora	☐ una settimana ☐ un mese ☐ due o tre giorni
4. Carlo è a Milano per visitare	☐ il museo della scienza ☐ la mostra di elettrodomestici ☐ la mostra di mobili
5. La ditta Eldom si è specializzata nella fabbricazione di	☐ macchine da scrivere ☐ elettrodomestici ☐ automobili
6. Carlo nella sua ditta si trova	☐ bene ☐ così così ☐ male
7. Non ha il tempo di	☐ riposarsi ☐ divertirsi ☐ annoiarsi
8. Carlo e Alfredo si organizzano per	☐ la serata ☐ la festa ☐ il giorno dopo
9. Andranno a vedere le corse	☐ dei cani ☐ dei cavalli ☐ delle automobili
10. Carlo non si intende di	☐ orologi ☐ elettrodomestici ☐ cavalli

2. Vero o Falso?

	V	F
1. Milano è una grande città industriale.	☐	☐
2. Carlo ha conosciuto Alfredo durante un viaggio nell'Italia del Nord.	☐	☐
3. I due amici parlano fra loro nell'ufficio di Alfredo.	☐	☐
4. Durante il servizio militare hanno fatto molte chiacchierate insieme.	☐	☐
5. Carlo si ricorda di tutto.	☐	☐
6. La mostra si aprirà il giorno dopo.	☐	☐
7. La Eldom è una fabbrica di elettrodomestici.	☐	☐
8. Carlo ha poco lavoro.	☐	☐
9. Carlo e Alfredo ceneranno insieme.	☐	☐
10. Carlo è un intenditore di corse di cavalli.	☐	☐

Il ferro da stiro

l'asciugacapelli

3. Questionario

1. Chi si trova a Milano?
2. Che cosa è Milano?
3. Dove si è sistemato Carlo Rossini?
4. Dove decide di recarsi alla fine della giornata?
5. Che cosa fa dopo che si è riposato?
6. Quanto tempo si ferma a Milano?
7. Come si chiama la ditta dove Carlo lavora?
8. In che cosa si è specializzata la ditta?
9. Come si organizzano per la serata Carlo e Alfredo?
10. Cosa andranno a vedere?

FISSARE LE STRUTTURE *(ORALE)*

4. Rispondere

1. Come ti trovi in questa città? *(bene)* — Mi trovo bene.
2. Quanto tempo ti fermi? *(tre giorni)* ______
3. Di che cosa ti occupi? *(di elettrodomestici)* ______
4. Come ti chiami? *(Alfredo)* ______
5. Che cosa ti metti? *(un vestito nuovo)* ______
6. Di che cosa ti ricordi? *(di tutto)* ______
7. Di che cosa ti intendi? *(di cavalli)* ______
8. Dove ti sistemi? *(in albergo)* ______

5. Trasformare

1. Lui si riposa un po'. — Loro si riposano un po'.
2. Lui si lava con acqua calda. ______
3. Lui si alza presto. ______
4. Lui si veste alla moda. ______
5. Lui si prepara ad uscire. ______
6. Lui si siede in salotto. ______
7. Lui si mette a parlare. ______
8. Lui si diverte alle corse. ______

6. Rispondere

1. Come vi trovate in questa città? *(bene)* — Ci troviamo bene.
2. Quanto tempo vi fermate? *(tre giorni)* ______
3. Di che cosa vi occupate? *(di elettrodomestici)* ______
4. Come vi chiamate? *(Alfredo e Carlo)* ______
5. Che cosa vi mettete? *(un vestito nuovo)* ______
6. Di che cosa vi ricordate? *(di tutto)* ______
7. Di che cosa vi intendete? *(di cavalli)* ______
8. Dove vi sistemate? *(in albergo)* ______

7. Rispondere

1. Come ti sei trovato in questa città? *(bene)* — Mi sono trovato bene.
2. Quanto tempo ti sei fermato? *(tre giorni)* ______________________
3. Di che cosa ti sei occupato? *(di elettrodomestici)* ______________________
4. Che cosa ti sei messa? *(un vestito nuovo)* — Mi sono messa un vestito nuovo.
5. Dove ti sei sistemata? *(in albergo)* ______________________
6. In che cosa ti sei specializzata? *(in biologia)* ______________________

8. Trasformare

1. Lui si è riposato un po'. — Loro si sono riposati un po'.
2. Lui si è lavato con acqua calda. ______________________
3. Lui si è alzato presto. ______________________
4. Lui si è preparato ad uscire. ______________________
5. Lei si è vestita alla moda. — Loro si sono vestite alla moda.
6. Lei si è seduta in salotto. ______________________
7. Lei si è messa a parlare. ______________________
8. Lei si è divertita in discoteca. ______________________

9. Rispondere

1. Come vi siete trovati in questa città? *(bene)* — Ci siamo trovati bene.
2. Quanto tempo vi siete fermati? *(tre giorni)* ______________________
3. Di che cosa vi siete occupati? *(di elettrodomestici)* ______________________
4. Che cosa vi siete messe? *(un vestito nuovo)* — Ci siamo messe un vestito nuovo.
5. Dove vi siete sistemate? *(in albergo)* ______________________
6. In che cosa vi siete specializzate? *(in biologia)* ______________________

10. Rispondere

1. A che ora deve alzarsi domani? *(alle sette)* — Devo alzarmi alle sette.
2. Quanto tempo deve fermarsi? *(due settimane)* ____________________
3. Di che cosa deve occuparsi? *(di pubbliche relazioni)* ____________________
4. Che cosa deve mettersi? *(l'abito da sera)* ____________________
5. Di che cosa deve ricordarsi? *(di prendere il passaporto)* ____________________
6. In che cosa deve specializzarsi? *(in cardiologia)* ____________________

11. Trasformare

1. Tu puoi sistemarti da Mario. — Voi potete sistemarvi da Mario.
2. Tu puoi riposarti ora. ____________________
3. Tu puoi alzarti tardi. ____________________
4. Tu puoi iscriverti domani. ____________________
5. Tu puoi sederti qui. ____________________
6. Tu puoi occuparti dei biglietti. ____________________

12. Trasformare

1. Voglio alzarmi alle sette. — Mi voglio alzare alle sette.
2. Voglio divertirmi stasera. ____________________
3. Devo fermarmi alla posta. ____________________
4. Devo specializzarmi in cardiologia. ____________________
5. Posso occuparmi delle valige. ____________________
6. Posso sistemarmi da te. ____________________

13. Completare (con i riflessivi e pronominali)

1. Carlo Rossini ______________________ a Milano.
2. (Carlo Rossini) ______________________ in albergo.
3. Dopo che ______________________ un po', ______________________ , ______________________ , ______________________ e ______________________ ad uscire.
4. In casa di Alfredo i due amici ______________________ in salotto e ______________________ a parlare.
5. Da quanto tempo non ______________________ ! ______________________ quante belle chiacchierate abbiamo fatto insieme?
6. ______________________ tutto.
7. Ma come mai sei qui a Milano? Quanto tempo ______________________ ?
8. Dunque ______________________ di elettrodomestici...
9. Sì, la ditta dove lavoro ______________________ Eldom e ______________________ nella fabbricazione di piccoli elettrodomestici.
10. Come ______________________ nella tua ditta?
11. ______________________ bene. Ho molto lavoro e non ho il tempo di ______________________ .
12. Bene. Ma ora dobbiamo ______________________ per la serata.
13. Non ______________________ di corse di cavalli, ma sono sicuro che ______________________ .

la cucina

14. Completare (con gli articoli)

1. Alla fine di ________ giornata faticosa, fa ________ visita ad Alfredo, conosciuto durante ________ servizio militare.
2. In casa di Alfredo ________ due amici si siedono e si mettono a parlare.
3. (Mi fermo) ________ tempo necessario per visitare ________ mostra di elettrodomestici che si è aperta ieri.
4. ________ ditta dove lavoro si chiama Eldom.
5. Ho molto lavoro e non ho ________ tempo di annoiarmi.
6. Ora dobbiamo organizzarci per ________ serata.
7. Starai a cena da me e poi con mia moglie andremo a vedere ________ corse di cavalli.

15. Riordinare le parole

1. sistemato - albergo. - è - in - Si
2. di - due - siedono - e - a - casa - i - si - salotto - mettono - In - Alfredo - amici - in - si - parlare.
3. sorpresa! - Ma - bella - che
4. ci - non - Da - vediamo! - tempo - quanto
5. qualcuno - amici? - rivisto - dei - Hai - vecchi

le caffettiere

16. **Completare** (con le desinenze)

1. Carlo Rossini si trova a Milano, grand___ citt___ dell'Italia del Nord.
2. Alla fine di un___ giornat___ faticos___, fa un___ visit___ ad Alfredo, conosciuto durante il servizi___ militar___ .
3. Ma che bell___ sorpres___! Da quant___ temp___ non ci vediamo! Ti ricordi quant___ bell___ chiacchierat___ abbiamo fatto insieme?
4. L ___ ditt___ dove lavoro si è specializzat___ nell___ fabbricazion___ di piccol___ elettrodomestic___.

17. Combinare le parti di frase

Carlo Rossini	si trova	due giorni.
	si è sistemato	una visita ad Alfredo.
	è qui da	in albergo.
	fa	a Milano.

18. Combinare domanda e risposta

1. Ti ricordi quante belle chiacchierate?	– Mi trovo bene.
2. Hai rivisto qualcuno dei vecchi amici?	– Mi fermo due o tre giorni ancora.
3. Quanto tempo ti fermi?	– No, non ho rivisto nessuno.
4. Come ti trovi nella tua ditta?	– Mi ricordo tutto.

19. Fare la domanda

1. Dove si trova Carlo Rossini?	– Carlo Rossini si trova a Milano.
2. ______________________ ?	– È una grande città del Nord.
3. ______________________ ?	– In un albergo.
4. ______________________ ?	– Alfredo è un amico conosciuto durante il servizio militare.
5. ______________________ ?	– Si alza, si lava, si veste e si prepara ad uscire.
6. ______________________ ?	– Si siedono in salotto.
7. ______________________ ?	– Si ferma a Milano due o tre giorni ancora.
8. ______________________ ?	– Carlo si trova bene.
9. ______________________ ?	– Ceneranno a casa di Alfredo.
10. ______________________ ?	– Andranno a vedere le corse di cavalli.

RIFLESSIVI E PRONOMINALI

INDICATIVO PRESENTE

(io)	(non)	**mi**	**sveglio**	tardi la mattina
(tu)		**ti**	**svegli**	
(lui) (lei) (Lei)		**si**	**sveglia**	
(noi)		**ci**	**svegliamo**	
(voi)		**vi**	**svegliate**	
(loro) (Loro)		**si**	**svegliano**	

Devo Posso Voglio	**svegliarmi** alle 7 domani **iscrivermi** all'università **prepararmi** in fretta
Dobbiamo Possiamo Vogliamo	**riposarci** il sabato e la domenica **specializzarci** in informatica **fermarci** qualche giorno in questa città
Sa	**organizzarsi** da solo

Attenzione!

La stessa costruzione si ha in casi come "non ho il tempo ***di*** annoiar***mi***, ha cominciato da poco ***ad*** interessar***si*** di pubblicità" o con verbi quali ***desiderare***, ***preferire, intendere,*** ecc. (non ***desideriamo*** occupar***ci*** dei tuoi problemi).

Con ***dovere, potere, volere, sapere,*** oltre alla forma grammaticalmente corretta "***devo*** svegliar***mi*** alle 7", è molto diffusa e perciò accettata quella "***mi devo*** svegliare alle 7".

INDICATIVO: PASSATO PROSSIMO

(io)		**mi**	**sono sistemato/a**	in un buon albergo
(tu)		**ti**	**sei fermato/a**	a Roma
(lui)		**si**	**è trovato**	bene in Italia
(lei)		**si**	**è sposata**	l'anno scorso
(Lei)	(non)	**si**	**è divertito/a**	a teatro
(noi)		**ci**	**siamo alzati/e**	molto presto
(voi)		**vi**	**siete annoiati/e**	alla festa
(loro) (Loro)		**si**	**sono svegliati/e**	stamattina

Attenzione!

Si usa sempre l'ausiliare ***essere*** nei tempi composti.

Attenzione!

Con ***dovere, potere e volere*** nei tempi composti sono ammesse due forme.

Mi	sono	dovuto/a potuto/a voluto/a	alzare alle 8

Ho	dovuto potuto voluto	alzar**mi**	alle 8

DOPPIA NEGAZIONE

<table>
<tr><td rowspan="6">Non</td><td colspan="2">vado</td><td rowspan="4">mai</td><td>al concerto</td></tr>
<tr><td colspan="2">comprerò</td><td>una moto</td></tr>
<tr><td colspan="2">sono andati</td><td>in Cina</td></tr>
<tr><td colspan="2">ha scritto</td><td>a macchina</td></tr>
<tr><td>sono</td><td rowspan="2">mai</td><td colspan="2">andati in Cina</td></tr>
<tr><td>ha</td><td colspan="2">scritto a macchina</td></tr>
</table>

<table>
<tr><td rowspan="8">Non</td><td>inviterò</td><td rowspan="4">nessuno</td></tr>
<tr><td>conosco</td></tr>
<tr><td>abbiamo incontrato</td></tr>
<tr><td>voglio parlare con</td></tr>
<tr><td>ho mangiato</td><td rowspan="4">niente
nulla</td></tr>
<tr><td>abbiamo fatto</td></tr>
<tr><td>farò</td></tr>
<tr><td>hanno capito</td></tr>
</table>

PRESENTE INDICATIVO + DA + DETERMINAZIONE TEMPORALE (indica un'azione, cominciata nel passato, che continua nel presente)

<table>
<tr><td rowspan="4">Sono qui
Ho questo libro
Studio l'italiano
Abito in questa città
Conosciamo Maria</td><td>da</td><td>una settimana
trenta giorni
un anno
poco</td></tr>
<tr><td>dal</td><td>1983</td></tr>
<tr><td>dalla</td><td>fine del mese passato</td></tr>
<tr><td>dall'</td><td>inizio di questo mese</td></tr>
<tr><td>Da quanto tempo aspetti l'autobus?</td><td>⇨</td><td>aspetto da mezz'ora.</td></tr>
</table>

PLURALI PARTICOLARI

Nomi e aggettivi in– **io** → –**i**

È	un fogl**io** bianco	Sono	(dei) fogl**i** bianchi
	un eserciz**io** difficile		(degli) eserciz**i** difficili
	un bravo figl**io**		(dei) bravi figl**i**
	un orolog**io** nuovo		(degli) orolog**i** nuovi
	un vecch**io** professore universitar**io**		(dei) vecch**i** professori universitar**i**

Attenzione!

Ho comprato	un **bel paio** due **belle paia**	di scarpe
Abbiamo visto	**un centinaio** **alcune centinaia**	di soldati
Costa	solo **un migliaio** solo **poche migliaia**	di lire
La sua casa è a	**un miglio** **poche miglia**	dal mare

Nomi e aggettivi in–**io** (la **i** è tonica) → –**ii**

Mio z**io** abita in America	I miei z**ii** abitano in America
Sarà un triste add**io**	Saranno (dei) tristi add**ii**
È un legg**io** bellissimo	Sono (dei) legg**ii** bellissimi
Non sopporto questo rumor**io**	Non sopporto questi rumor**ii**
È un ronz**io** fastidioso	Sono (dei) ronz**ii** fastidiosi

7 OCCHIO ALLA LINGUA!

LESSICO

1. – Telefona sempre *quando mangi*?
   – Sì, telefona sempre *durante il pranzo*.
2. – Hai una sigaretta?
   No, *purtroppo* le ho finite.
3. – Hai un foglio?
   – No, *mi dispiace* li ho finiti.
4. – *Ti* trovi bene *nella tua ditta*?
   – Sì, *mi ci* trovo bene.
5. – Come *ti* trovi *a Milano*?
   – *Mi ci* trovo bene.
6. – *Da quanto tempo sei* qui?
   – *Sono* qui *da due giorni*.
7. – *Da quanto tempo* non *ci vediamo*?
   – Non *ci vediamo da tre anni*.

8. — Ti ricordi quante chiacchierate abbiamo fatto *durante le ore* libere dal servizio?

9. — Sono il Dr. Mario Rossi, *ho prenotato per stasera, tramite* agenzia, una camera doppia, con bagno.
10. — Mi faccia controllare. Abbiamo ricevuto un fax... Per Lei abbiamo riservato una *camera doppia con bagno, aria condizionata e vista sul mare.*

FUNZIONI — ATTI COMUNICATIVI

FUNZIONI	ATTI COMUNICATIVI	
Ricordare	– Ti ricordi?	– Mi ricordo di tutto. – Adesso è tutto chiaro. – Non mi sono dimenticato niente.
Dimenticare	– Ti ricordi?	– Non mi ricordo niente. – Non mi ricordo di niente. – Buio completo.
Sorpresa	– Che sorpresa! – Ma che bella sorpresa! – Non credo ai miei occhi! – (Mi) sembra impossibile!	

Dettare il testo che segue

Una visita

Carlo Rossini si trova da due giorni a Milano per lavoro. Si è sistemato in albergo.

Dopo una giornata faticosa, decide di recarsi da Alfredo, un amico che ha conosciuto durante il servizio militare.

Nel salotto della casa di Alfredo i due amici si mettono a parlare e ricordano le belle chiacchierate che hanno fatto insieme durante le ore libere.

Carlo si fermerà a Milano ancora due o tre giorni per visitare una mostra di elettrodomestici. La sua ditta si occupa, infatti, di questo settore e, in particolare, si è specializzata nella fabbricazione di piccoli oggetti elettrici per la casa.

Si trova bene. Ha un posto di responsabilità e non ha certamente il tempo di annoiarsi.

20. Leggere attentamente il testo che precede e ripetere a libro chiuso

21. Completare liberamente

1. Carlo Rossini si trova ____________
2. Si è sistemato ____________
3. Decide di ____________
4. Nel salotto della casa di Alfredo i due amici ____________
5. Carlo si fermerà ____________
6. La ditta di Carlo è specializzata in ____________
7. Carlo ha un posto di ____________

22. Domande personalizzate

1. Di che cosa si occupa Lei?
2. Quando Lei arriva in una città che non conosce, come si organizza per trovare una sistemazione?
3. A chi si rivolge per avere informazioni?

23. Per la composizione scritta

1. Si è trasferito/a per motivi di lavoro in una grande città; in una lettera alla famiglia, parli del nuovo lavoro e descriva la città dove abita.
2. Immagini il dialogo con una persona che incontra dopo tanto tempo.
3. Descriva, dettagliatamente, una giornata in una grande città che ha visitato per ragioni di lavoro o di turismo.

ESERCIZI DI REIMPIEGO E CONTROLLO AP.10
TEST DI CONTROLLO PERIODICO AP.23

INDUSTRIA

L'Italia è povera di materie prime. Ha solo scarse quantità di ferro (Isola d'Elba), di carbone (Sardegna), di metano (Valle Padana), di petrolio (Sicilia): eppure è il quinto Paese industriale del mondo.

L'Italia è diventata nazione industriale quando ha deciso di aumentare l'esportazione verso i Paesi ricchi che non chiedevano più solo prodotti tessili o agricoli.

Una condotta idrica.

Robot nella produzione industriale.

Interno di uno stabilimento siderurgico.

Oggi l'Italia esporta autoveicoli, elettrodomestici, macchinari, materie plastiche, tecnologia, prodotti cioè dell'industria siderurgica, chimica e meccanica.

Catena di produzione in un'azienda ad alto contenuto tecnologico.

Centrale termoelettrica.

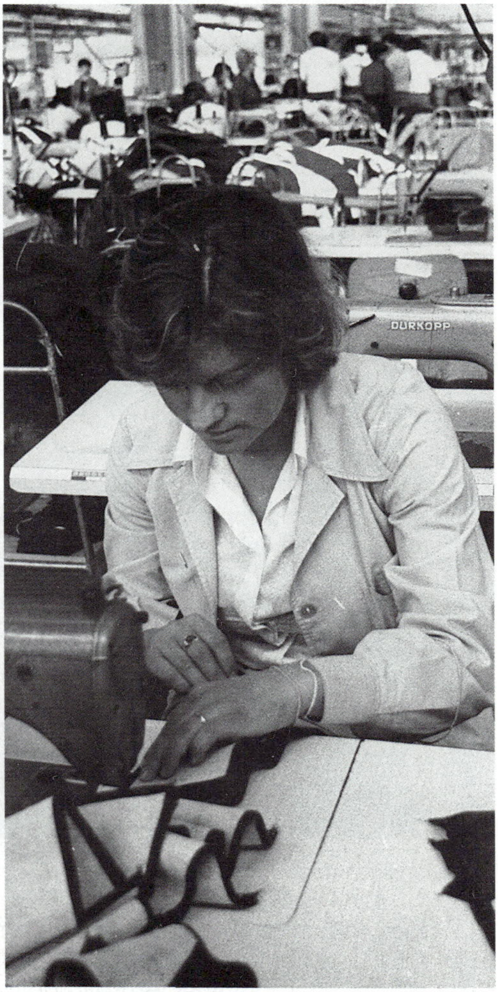

Industria di confezioni.

Industria siderurgica.

Oggi, industrie automobilistiche come la FIAT, meccaniche di precisione come la OLIVETTI, gruppi che producono elettrodomestici, le industrie dell'arredamento e della moda, gli impianti siderurgici dell'ITALSIDER, aziende dell'IRI e dell'ENI, sono tra i più grandi complessi industriali del mondo.

Linea di montaggio delle automobili Alfa Romeo.

Industria tessile.

INDUSTRIA (DAL VIDEOCORSO)

L'Italia è stata per molto tempo un Paese agricolo. Oggi è tra i primi Paesi industriali del mondo.
È povera di materie prime. Ha solo un po' di carbone in Sardegna, poco ferro all'isola d'Elba, non molto metano nella Valle Padana e petrolio in Sicilia.
L'Italia è diventata una nazione industriale quando ha cominciato ad esportare i prodotti della sua industria siderurgica, dell'industria meccanica, dell'industria tessile, i prodotti dell'industria automobilistica.
Oggi i gruppi ad alta tecnologia, come la FIAT, l'Alfa Romeo, la Ferrari, la Lancia, le industrie nautiche dell'Ansaldo, le industrie meccaniche di precisione come la Olivetti, le grandi imprese per la costruzione di ponti, autostrade, ferrovie, porti, dighe sono presenti in tutto il mondo.
Le industrie della moda, dei tessuti, gli impianti dell'IRI e dell'ENI sono tra i più grandi complessi conosciuti all'estero.

24. Completare

1. L'italia è povera di ______________________prime.
2. L'Italia è il ______________________ paese industriale del mondo.
3. L'Italia è diventata nazione ______________________ con l'esportazione.
4. L'Italia ha industrie ______________________ come la FIAT.
5. L'Italia ha industrie ______________________ come la OLIVETTI.

7

OH BELLA CIAO

Questa mattina mi son alzato
oh bella ciao, bella ciao, bella ciao, ciao, ciao;
questa mattina mi son alzato
ed ho trovato l'invasor.
Oh partigiano, portami via
oh bella ciao, bella ciao, bella ciao, ciao, ciao;
partigiano portami via
che mi sento di morir.
E se io muoio da partigiano
oh bella ciao, bella ciao, bella ciao, ciao, ciao;
e se io muoio da partigiano
tu mi devi seppellir.
E seppellire lassù in montagna
oh bella ciao, bella ciao, bella ciao, ciao, ciao;
seppellire lassù in montagna
sotto l'ombra di un bel fior.
Tutte le genti che passeranno
oh bella ciao, bella ciao, bella ciao, ciao, ciao;
e le genti che passeranno
ti diranno: che bel fior.
E questo è il fiore del partigiano
oh bella ciao, bella ciao, bella ciao, ciao, ciao;
questo è il fiore del partigiano
morto per la libertà.

ottava unità **UNITÀ 8**

PRONOMI DIRETTI E PARTITIVO "NE"

al bar

8

Marcello incontra Giancarlo e poi Lucia e *li* invita al bar per prendere qualcosa con lui.

Marcello:
Lucia, che cosa prendi?

Lucia:
Veramente ho un po' fretta, ma una birra *la* bevo con piacere. *La* vorrei molto fredda.

Marcello:
E tu, Giancarlo, prendi un caffè con me?

Giancarlo:
Grazie, *lo* prendo volentieri.

Marcello:
Quanto zucchero? *Ne* metto due?

Giancarlo:
Sì, due cucchiaini vanno bene.

Lucia:
Ora, però, devo proprio andare.
Ho una lezione importante.
Vi lascio al vostro caffè.

Marcello:
Aspetta un minuto.
Ti accompagno.

Marcello:
Compro questi cioccolatini e...

Lucia:
Li compri, come sempre, per Claretta?

Marcello:
Sì, *ne* compro una scatola; ma piccola, perché Claretta, la mia nipotina, appena *li* vede, *li* finisce in un attimo.

Lucia:
Mi accompagni all'autobus?

Marcello:
No, voglio accompagnar*ti* fino all'università, ho la macchina.

Giancarlo:
Mi lasciate solo, eh?!

Marcello:
Tu dove sei diretto?

Giancarlo:
Ah, io vado in tutt'altra direzione!

Marcello:
Allora *mi* scuserai se accompagno *lei* e lascio a piedi *te*.

Giancarlo:
Certamente, si capisce: le donne hanno sempre la precedenza!...

8 COMPRENDERE

1. Scelta multipla

1. Lucia ha un po'	☐ fretta ☐ freddo ☐ fame
2. Lucia una birra la vorrebbe	☐ calda ☐ fredda ☐ scura
3. Marcello prende	☐ un Martini ☐ un cappuccino ☐ un caffè
4. Giancarlo prende un caffè	☐ amaro ☐ dolce ☐ corretto al cognac
5. Marcello compra i cioccolatini: li compra, come sempre, per	☐ la sua nipotina ☐ sua figlia ☐ sua nonna
6. Marcello compra	☐ una busta di cioccolatini ☐ una scatola di cioccolatini ☐ un sacchetto di cioccolatini
7. – Mi scuserai se accompagno	☐ lui ☐ lei ☐ loro
8. – Mi scuserai se lascio a piedi	☐ lui ☐ te ☐ lei
9. Marcello accompagna Lucia	☐ al centro ☐ al bar ☐ all'università
10. Marcello ha	☐ la macchina ☐ la bicicletta ☐ la moto
11. Le donne hanno sempre	☐ ragione ☐ torto ☐ la precedenza

gelati, caramelle, cioccolatini

2. Vero o Falso?

	V	F
1. Marcello incontra Lucia e Giancarlo e li invita al ristorante.	☐	☐
2. Marcello offre un caffè e Giancarlo lo prende volentieri.	☐	☐
3. Marcello mette dello zucchero nel caffè di Giancarlo: ne mette due cucchiaini.	☐	☐
4. Marcello compra una grande scatola di cioccolatini.	☐	☐
5. Marcello accompagna Lucia all'università.	☐	☐
6. Giancarlo va all'università.	☐	☐

3. Questionario

1. Chi incontra Marcello?
2. Dove invita gli amici?
3. Perché invita gli amici al bar?
4. Che cosa prende Lucia?
5. Che cosa prende Giancarlo?
6. Come preferisce la birra Lucia?
7. Quanti cucchiaini di zucchero vuole Giancarlo?
8. Dove deve andare Lucia?
9. Chi accompagna Lucia all'università?
10. Quanti cioccolatini compra Marcello?
11. Per chi li compra?

4. Rispondere

1. Mi capisci? — Sì, ti capisco.
2. Mi ami? ______
3. Mi accompagni? ______
4. Mi ascolti? ______
5. Ci guardi? — Sì, vi guardo.
6. Ci conosci? ______
7. Ci aspetti? ______
8. Ci aiuti? ______

5. Rispondere

1. Prendete un caffè? — Sì, lo prendiamo volentieri.
2. Bevete un bicchiere di vino? ______
3. Invitate Giancarlo? ______
4. Aiutate il vostro amico? ______
5. Ricordate quel giorno? ______
6. Accompagnate il professore? ______

6. Rispondere

1. Quando guardi la televisione? — La guardo dopo cena.
2. Quando ascolti la radio? ______
3. Quando chiami la tua amica? ______
4. Quando lavi la biancheria? ______
5. Quando incontri la tua amica? ______
6. Quando inviti Lucia? ______

7. Rispondere

1. Dove fate gli esercizi? — Li facciamo a casa.
2. Dove lasciate i documenti? ______
3. Dove portate i quadri? ______
4. Dove aspettate gli amici? ______
5. Dove accompagnate gli amici? ______
6. Dove incontrate Paolo e Giovanni? ______

8. Rispondere

1. Inviterai le tue amiche? — Sì, le inviterò.
2. Leggerai quelle riviste? ____________________
3. Scriverai quelle lettere? ____________________
4. Accompagnerai quelle signore? ____________________
5. Laverai le camicie? ____________________
6. Informerai le signorine? ____________________

9. Rispondere

1. Ecco i dischi. Quanti ne vuole? — Ne voglio uno.
2. Ecco i biglietti. Quanti ne vuole? ____________________
3. Ecco i francobolli. Quanti ne vuole? ____________________
4. Ecco le sigarette. Quante ne vuole? — Ne voglio una.
5. Ecco le paste. Quante ne vuole? ____________________
6. Ecco le cartoline. Quante ne vuole? ____________________

10. Rispondere

1. Quanti amici avete qui? — Ne abbiamo molti.
2. Quanti verbi italiani conoscete? ____________________
3. Quanti caffè bevete ogni giorno? ____________________
4. Quanti esercizi fate ogni giorno? ____________________
5. Quante sigarette fumate ogni giorno? — Ne fumiamo molte.
6. Quante paste mangiate? ____________________
7. Quante lettere scrivete ogni settimana? ____________________
8. Quante parole italiane conoscete? ____________________

paste e dolci.

11. Rispondere

1. Quanti fratelli hai? — Non ne ho nessuno.
2. Quanti studenti stranieri conosci? ______
3. Quanti giornali italiani leggi? ______
4. Quanti libri comprerai? ______
5. Quante sorelle hai? — Non ne ho nessuna.
6. Quante sigarette fumi? ______
7. Quante cartoline ricevi? ______
8. Quante camicie comprerai? ______

12. Rispondere

1. Ecco i cioccolatini. Li mangi tutti? — Sì, li mangio tutti.
2. Ecco i libri. Li vuoi tutti? ______
3. Ecco i fogli. Li prendi tutti? ______
4. Ecco i dischi. Li ascolti tutti? ______
5. Ecco le ragazze. Le inviterai tutte? — Sì, le inviterò tutte.
6. Ecco le paste. Le mangerai tutte? ______
7. Ecco le canzoni. Le conosci tutte? ______
8. Ecco le compagne di scuola. Le inviti tutte? ______

13. Rispondere

1. Vuoi conoscere mio fratello? — Sì, voglio conoscerlo.
2. Vuoi leggere questo libro? ______
3. Vuoi ascoltare questo disco? ______
4. Vuoi incontrare questo signore? ______
5. Puoi cantare una canzone? — Sì, posso cantarla.
6. Puoi organizzare una gita? ______
7. Puoi accompagnare Lucia? ______
8. Puoi chiamare la professoressa? ______

14. Rispondere

1. A che ora deve accompagnare le signorine? — Devo accompagnarle alle dieci.
2. A che ora deve incontrare le amiche? ______________________
3. A che ora deve lasciare le chiavi? ______________________
4. A che ora deve preparare le valigie? ______________________
5. Dove preferisce ascoltare questi dischi? — Preferisco ascoltarli a casa.
6. Dove preferisce aspettare i colleghi? ______________________
7. Dove preferisce ricevere gli ospiti? ______________________
8. Dove preferisce fare questi esercizi? ______________________

gli aperitivi

15. Rispondere

1. Quando metti il vestito nella valigia? *(subito)* — Ce lo metto subito.
2. Quando riporti il libro in biblioteca? *(appena possibile)* ______________________
3. Quando accompagni Luigi dal medico? *(domani)* ______________________
4. Quando mandi tuo figlio all'estero? *(l'estate prossima)* ______________________
5. Quando metti la camicia nuova nella valigia? *(subito)* – Ce la metto subito.
6. Quando porti la macchina dal meccanico? *(oggi pomeriggio)* ______________________
7. Quando accompagni Lucia dal dentista? *(domani pomeriggio)* ______________________
8. Quando mandi tua figlia all'estero? *(per Natale)* ______________________

16. Rispondere

1. Quanto zucchero metti nel caffè? *(due cucchiaini)* — Ce ne metto due cucchiaini.
2. Quanto aceto metti nell'insalata? *(molto)* ______
3. Quanto olio metti nella bistecca? *(pochissimo)* ______
4. Quanti spaghetti metti nella pentola? *(mezzo chilo)* ______
5. Quante cravatte metti nella valigia? *(solo una)* ______
6. Quante ragazze inviti alla festa? *(molte)* ______

17. Rispondere

1. Quanti studenti inglesi ci sono ora nell'aula?
   — Ce n'è uno.
   — Non ce n'è nessuno.
   — Ce ne sono molti.
2. Quanti giornali ci sono sulla sedia? ______
3. Quanti libri ci sono nel cassetto? ______
4. Quanti quadri ci sono nella stanza? ______
5. Quante ragazze inglesi ci sono ora nella stanza?
   — Ce n'è una.
   — Non ce n'è nessuna.
   — Ce ne sono molte.
6. Quante sedie ci sono nella camera? ______
7. Quante scuole di lingua ci sono in questa città? ______

18. Completare (con i pronomi)

1. Marcello incontra Giancarlo e poi Lucia e ______ invita al bar.
2. Veramente ho un po' di fretta, ma una birra ______ bevo con piacere. ______ vorrei molto fredda.
3. E tu, Giancarlo, prendi un caffè con me? - Grazie, ______ prendo volentieri.
4. Quanto zucchero? ______ metto due? - Sì, due cucchiaini vanno bene.
5. Aspetta un minuto, ______ accompagno. Compro questi cioccolatini e...
6. ______ compri, come sempre, per Claretta?
7. Sì, ______ compro una scatola; ma piccola, perché la mia nipotina, appena ______ vede, ______ finisce in un attimo.
8. ______ accompagni all'autobus?
9. No, voglio accompagnar ______ fino all'università, ho la macchina.
10. ______ lasciate solo, eh?!
11. Allora ______ scuserai se accompagno ______ e lascio a piedi ______ .

19. Completare (con le preposizioni)

1. Marcello incontra Giancarlo poi Lucia e li invita ______ bar ______ prendere qualcosa ______ lui.
2. Veramente ho un po' fretta, ma una birra la bevo ______ piacere.
3. Li compri, come sempre, ______ Claretta?
4. Mi accompagni ______'autobus?
5. No, voglio accompagnarti fino ______'università.
6. Io vado ______ tutt'altra direzione!
7. Allora mi scuserai se accompagno lei e lascio ______ piedi te.

20. Riordinare le parole

1. Giancarlo - Lucia - invita - per - con - incontra - poi - li - bar - qualcosa Marcello - e - e - al - prendere - lui
2. capisce: - hanno - precedenza!... - si - donne - la - Certamente, - le sempre

21. Riordinare le parti di frase

1. ma una birra - La vorrei - un po' fretta, - la bevo - molto fredda. Veramente - ho - con piacere.
2. accompagnarti fino - ho la macchina. - all'università, - No, voglio

22. Combinare domanda e risposta

1. Lucia, che cosa prendi?	– Ah, io vado in tutt'altra direzione!
2. E tu, Giancarlo, prendi un caffè con me?	– No, voglio accompagnarti fino all'università.
3. Quanto zucchero? Ne metto due?	– Una birra la bevo con piacere.
4. Mi accompagni all'autobus?	– Grazie, lo prendo volentieri.
5. Tu dove sei diretto?	– Sì, due cucchiaini vanno bene.

gli amari o digestivi

23. Fare la domanda

1. Chi incontra Marcello? – Marcello incontra Giancarlo e poi Lucia.
2. ______________________? – Lucia ha un po' fretta.
3. ______________________? – Accetta con piacere una birra.
4. ______________________? – Giancarlo prende un caffè.
5. ______________________? – Lo vuole dolce.
6. ______________________? – Vuole comprare dei cioccolatini.
7. ______________________? – Li compera per la sua nipotina.
8. ______________________? – L'accompagna fino all'università.

PRONOMI DIRETTI (deboli o atoni)

Carlo	(non)	**mi** **ti/La** **lo** **la** **ci** **vi** **li** **le**	saluta con molta cordialità ascolterà con attenzione accompagna in macchina alla stazione incontra spesso dal dottore aspetta davanti al cinema ringrazia sentitamente capisce alla perfezione conosce bene aiuta quando può ricorda volentieri prega di telefonargli informa che domani sarà vacanza riceve a casa sua

Attenzione!

Il pronome ***lo***, oltre a riferirsi a persona maschile singolare *(Conosci quel signore? Sì, **lo** conosco)* e a cosa maschile singolare (*Quando compri il giornale? **Lo** compro prima di andare in ufficio*), prende anche il valore neutro di 'ciò', 'questa cosa' (*È andato via il professore? — Non **lo** so*).

ti/La

Lorenzo,	mi	aspetti?
Signorina Maria,		riconosce?
Amici miei,		capite?
Cari studenti,		capite?

Sì, No, non	**ti**	aspetto.
	La	riconosco.
	ti	capiamo.
	La	capiamo, Professore.

PRONOMI DIRETTI (forti o tonici)

Chi	ha salutato cerca ha invitato aspetta	quel signore?

Quel signore	ha salutato cerca ha invitato aspetta	**me.** **te.** **Lei.** **lui.** **lei.** **noi.** **voi.** **loro.**

Devo Voglio Posso	veder**ti** aiutar**lo** incontrar**la** salutar**vi** ringraziar**li**	stasera

e anche:

Ti **Lo** **La** **Vi** **Li**	devo voglio posso	vedere aiutare salutare incontrare ringraziare	stasera

PRONOME PARTITIVO **NE**

Quanti fogli prendi?	**Ne**	prendo	un**o**. due. alcun**i**. molt**i**.
	Non **ne**		nessun**o**.
	Li		tutti.

Quante sigarette fumi? (di un pacchetto)	**Ne**	fumo	un**a**. due. molt**e**. tropp**e**.
	Non **ne**		nessun**a**.
	Le		tutte

PARTICELLA AVVERBIALE DI LUOGO **CI** + PRONOMI **MI**, **TI**, **VI**

– **Mi** accompagni al **Luna Park**?	– Sì, **ti ci** accompagno.
– **Mi ci** accompagni stasera?	– Sì, **ti ci** accompagno stasera.
– **Ci** accompagni al **Luna Park**?	– Sì, **vi ci** accompagno.
– **Ci** accompagni stasera al **Luna Park**?	– Sì, **vi ci** accompagno stasera.

PARTICELLA AVVERBIALE DI LUOGO **CI** + PRONOMI **LO**, **LA**, **LI**, **LE**, **NE**

Ci	+	**lo** **la** **La** **li** **le** **ne**	→	**Ce**	**lo** **la** **La** **li** **le** **ne**

Attenzione!

— *Quando accompagni **tuo figlio** al cinema?*

— ***Ce lo** accompagno dopo cena.*

— *Non **puoi** accompagnar**celo** prima di cena?*

— *No, non **ce lo posso** accompagnare.*

Quanti libri	ci sono?	→	**Ce**	**n**'è	un**o**.
			Ce	**ne** sono	due. molt**i**. poch**i**. tant**i**. parecch**i**.
			Non **ce**	**n**'è	nessun**o**.

Quante signorine	ci sono?	→	**Ce**	**n**'è	un**a**.
			Ce	**ne** sono	due. molt**e**. poch**e**. tant**e**. parecchi**e**.
			Non **ce**	**n**'è	nessun**a**.

LESSICO

1. – Carlo, prendi un caffè?
   – Sì, lo prendo *volentieri*.
2. – Mi accompagneresti all'autobus?
   – Sì, ti ci accompagno *con piacere*.
   – Veramente non è un sacrificio per te?
   – No, lo faccio *volentieri*.
3. – *Fai presto* a prepararti?
   – Sì, *faccio in un attimo*.
4. – Ma, cara, non è ancora pronta la cena?
   – Un po' di pazienza, caro:
   la preparo *in un attimo*.
5. – Signore, La prego, sa dirmi dov'è via Tacito?
   – Sei fortunato bambino, io vado *in quella direzione*, puoi venire con me.
6. – Da che parte vai?
   – *Sono diretto* alla posta.

1. — *Prendi una pasta*?
   — Sì, la prendo *volentieri*.
2. — Prendiamo un caffè qui *al banco* o ci sediamo *al tavolo*?
3. — Cameriere, *il conto*, per favore! Abbiamo fretta!
   — Faccio *in un attimo*, signore.
4. — *Quant'è*?
   — Allora, *due paste*, *un cornetto*, *un caffè e un cappuccino* ... ottomila lire, grazie.
5. — Non lasci niente di *mancia*?

FUNZIONI	ATTI COMUNICATIVI
Proporre di fare insieme	– Prendiamo un caffè? – Perché non prendiamo un caffè?
Scusarsi	– Mi scuso, – Domando perdono, – Vi prego di scusarmi, – Chiedo scusa, ma devo proprio andare.
Rispondere alle scuse	– Si figuri, signora. – Figurati. – Niente.
Porre un fatto come certo	– È chiaro che preferisci accompagnare lei. – È sicuro. – È evidente. – Sicuramente preferisci accompagnare lei. – Certamente.

8 MOMENTO CREATIVO

Dettare il brano che segue

Al bar

Marcello incontra Giancarlo e poi Lucia e li invita a prendere qualcosa con lui al bar.

Lucia ha un po' fretta, ma accetta con piacere una birra. La preferisce molto fredda.

Giancarlo invece prende volentieri un caffè. Lo vuole dolce con due cucchiaini di zucchero.

Lucia deve proprio andare, ha una lezione importante e non vuole perderla, ma Marcello desidera accompagnarla. Prima però vuole comprare dei cioccolatini per la sua nipotina. Ne compra una scatola piccola, perché la bambina è molto golosa e appena li vede li mangia tutti in un attimo.

24. Leggere attentamente il brano che precede e ripetere a libro chiuso

25. Completare liberamente

1. Marcello vede al centro i suoi amici e li invita ____________________
2. La signorina accetta con piacere ____________________
3. La signorina deve proprio ____________________
4. Il ragazzo accompagna l'amica fino ____________________
5. Giancarlo invece ____________________

26. Domande personalizzate

1. Va spesso al bar?
2. Perché?
3. Che cosa prende di solito?
4. Quale bar o luogo di incontro frequenta?
5. Con chi si incontra e quali sono i soggetti prevalenti delle vostre conversazioni?
6. Quanto tempo trascorre con gli amici?

27. Per la composizione scritta

1. Che cosa corrisponde, nel Suo Paese, al tipico bar italiano?

ESERCIZI DI REIMPIEGO E CONTROLLO AP.12

SPORT E TEMPO LIBERO

Nell'Italia moderna lo sport ha un posto importantissimo. È infatti il centro di attenzione di milioni di persone, specialmente giovani. L'argomento centrale delle conversazioni, spesso animate, al bar, in ufficio, in fabbrica, in famiglia sono le cronache, i fatti, i personaggi dello sport. L'Italia è, probabilmente, il solo paese del mondo in cui ci sono cinque quotidiani a diffusione nazionale che trattano esclusivamente soggetti sportivi: La Gazzetta dello sport, Il Corriere dello sport, Stadio, Sport Sud, Tuttosport, più una lunga serie di riviste specialistiche che curano sport particolari.

Lo sport non è solo o esclusivamente "gioco" come attività piacevole, ma è un buon metodo per impiegare il "tempo libero", per dimenticare, almeno per poco, i problemi di ogni giorno, per legare

Pietro Mennea, grande velocista italiano.

Pattinaggio artistico.

SPORT E TEMPO LIBERO (DAL VIDEOCORSO)

Nell'Italia moderna lo sport ha un posto importante. Si comincia da bambini: lo stile non è perfetto? Non importa... Via!
Corsa, ciclismo, calcio, pallacanestro, ginnastica ritmica, pattinaggio sul ghiaccio, rugby, deltaplano, sci, canoa.
E... corsa per tutti: per giovani e meno giovani.
Tra i boschi e il verde: profumi e aria pulita.
La Marcialonga con migliaia di partecipanti.
E il professionismo ai vertici più alti.
Lo sci.
La maratona: la fatica, il dolore, la vittoria e il premio.
L'ippica, le corse dei cavalli.
La pallanuoto, il canottaggio, il pugilato.
I tempi eroici: il ciclismo ieri: Guerra, Coppi, Bartali; il ciclismo oggi: Moser nel primato dell'ora; l'automobilismo ieri; l'automobilismo oggi.
Il calcio: l'Italia campione del mondo.
Italia-Germania: rigore mancato, Rossi... rete! Tardelli... rete! Altobelli... rete!

gioie, speranze, attese e malinconie alla vittoria o all'insuccesso della propria squadra.

IL CALCIO

Il gioco del calcio, in Italia, è senza dubbio lo sport più praticato e seguito ed è all'attenzione generale per molti motivi.

In primo luogo per il "tifo", cioè la passione di masse enormi di gente che si identifica con la propria squadra e i propri idoli-eroi;
per il gioco delle "scommesse" legate alle partite di calcio più importanti: quello che in Italia si chiama "totocalcio"; per il grande numero dei praticanti a livello professionistico o dilettantistico; per i successi che "la Nazionale" (gli "Azzurri", come si dice dal colore delle maglie) ha riportato nelle competizioni internazionali: storici si dicono gli incontri Italia-Brasile, Italia-Inghilterra, Italia-Argentina, Italia-Germania; per i ricordi appassionanti legati alla storia di squadre quali: Juventus, Inter, Milan, Torino, Fiorentina, Napoli, ecc.

Calcio. In azione con la maglia della Nazionale.

Tra gli altri sport più seguiti e praticati in Italia quali *tennis, pallacanestro, pallavolo, nuoto, sci, atletica leggera,* particolare attenzione meritano: il ciclismo, il pugilato, l'automobilismo.

IL CICLISMO

Il ciclismo è lo sport della bicicletta, per il quale fanno il "tifo" anche giovanissimi e sembra in genere più simpatico e povero di altri sport. Ma è sport difficile che richiede grandi sacrifici e rinunce.

I fatti più esaltanti sono legati a nomi di grandi campioni: Bartali, Coppi, Moser ed altri.

IL PUGILATO

Il pugilato è sport duro, quasi disumano, tanto pericoloso quanto antico: è nato con l'uomo.

Sci. Alberto Tomba.

Gara di canottaggio.

L'AUTOMOBILISMO

L'automobilismo è lo sport che presenta i pericoli maggiori. Nella competizione il pilota usa non soltanto le sue forze fisiche, ma la sua intelligenza, la sua freddezza, il suo coraggio: ad ogni istante egli "rischia" la sua vita.

La passione degli Italiani per l'automobilismo è strettamente legata ai nomi delle auto Ferrari, Lancia, Alfa Romeo, Lamborghini, Maserati.

Una menzione particolare meritano sport popolari in Italia rivolti più che alla competizione, ad un sano impiego del tempo libero, quali *il gioco delle bocce, la caccia e la pesca.*

Le Ferrari in una gara di Formula 1.

28. Questionario

1. Quali sono gli sport più diffusi in Italia?
2. Lo sport è solo "gioco", utile impiego del tempo libero, oppure risponde ad altri interessi e bisogni? Quali?
3. Parli del gioco del calcio.
4. Ha sentito parlare o ha letto di fatti sportivi di grande rilievo che hanno avuto come protagonisti atleti italiani? Quali?
5. Lo sport deve essere una competizione leale, ma spesso invece diventa rissa. Sa spiegare perché?
6. Spesso "il tifo" diventa disordine, violenza, scontro con la polizia. Perché?
7. Quali sono gli sport più diffusi nel Suo Paese?
8. Parli dello sport che ha praticato e che pratica ancora.

INDICATIVO: IMPERFETTO E TRAPASSATO PROSSIMO

un giallo in tv

9

Giorgio, appassionato di gialli, racconta a Paolo l'ultimo film poliziesco che ha visto, la sera prima, alla TV.

Paolo:
Sei uscito ieri sera, Giorgio?

Giorgio:
No, Paolo, non sono uscito, perché non *avevo* voglia: *ero* molto stanco.

Paolo:
Che cosa hai fatto a casa?

Giorgio:
Ho visto un bel film alla televisione.

Paolo:
Che film hai visto?

Giorgio:
Un film poliziesco.

Paolo:
Ah, vado pazzo per i gialli. Qual *era* il titolo e chi *era* il regista del film?

Giorgio:
Non lo so, perché quando ho acceso il televisore, il film *era* già *cominciato* e la polizia *cercava* un assassino che *andava* in giro di notte ad uccidere donne giovani e belle.

Paolo:
E come le *uccideva*?

Giorgio:
Le *uccideva* con una calza di seta che *stringeva* intorno al loro collo. Quando ho cominciato a vedere il film ne *aveva* già *uccise* tre con questo sistema.

Paolo:
Come è finito il film? Chi *era* l'assassino? La polizia è riuscita a scoprirlo?

Giorgio:
Non lo so. È un mistero.

Paolo:
Perché è un mistero?

Giorgio:
Perché alle dieci e mezza è andata via la luce e quando è ritornata, dopo circa un quarto d'ora, il film *era* già *finito* e sullo schermo *c'era* la pubblicità delle calze da donna ... "Mistero".

---

9 COMPRENDERE

1. Scelta multipla

1. Giorgio è appassionato di	☐ gialli ☐ cavalli ☐ sport
2. Giorgio non è uscito perché non aveva	☐ tempo ☐ la macchina ☐ voglia
3. Giorgio era molto	☐ stanco ☐ malato ☐ preoccupato
4. Alla TV ha visto un film	☐ western ☐ d'avventura ☐ poliziesco
5. Quando ha acceso il televisore il film	☐ era già cominciato ☐ era già finito ☐ era già a metà
6. L'assassino uccideva le sue vittime	☐ di sera ☐ di notte ☐ di mattina
7. L'assassino uccideva donne	☐ giovani e brutte ☐ vecchie e brutte ☐ giovani e belle
8. Alle dieci e trenta è	☐ mancata l'acqua ☐ mancata la luce ☐ mancato il gas
9. Sullo schermo c'era la pubblicità delle calze	☐ da uomo ☐ da bambino ☐ da donna

2. Questionario

1. Perché Giorgio non aveva voglia di uscire ieri sera?
2. Che film ha visto alla TV?
3. Perché non sa il titolo del film?
4. Chi cercava la polizia?
5. Che cosa faceva, di notte, l'assassino?
6. Come uccideva le sue vittime?
7. Perché Giorgio non sa come è finito il film?
8. Che cosa è successo alle dieci e trenta?
9. Quando è tornata la luce, sullo schermo che c'era?
10. Che cosa presentava la pubblicità?

3. Rispondere

1. Ora sei qui, ma dove eri poco fa? *(al bar)* — Poco fa ero al bar.
2. Oggi sei a lezione, ma dove eri ieri? *(a casa)* ____________________
3. In questo momento sei a scuola, ma dove eri un'ora fa? *(per strada)* ____________________
4. Adesso sei in Italia, ma dove eri l'anno passato? *(in Francia)* ____________________
5. Ora siete qui, ma dove eravate poco fa? *(al bar)* — Poco fa eravamo al bar.
6. Oggi siete a lezione, ma dove eravate ieri? *(a casa)* ____________________
7. In questo momento siete a scuola, ma dove eravate un'ora fa? *(per strada)* ____________________
8. Adesso siete in Italia, ma dove eravate l'anno passato? *(in Francia)* ____________________

4. Rispondere

1. Perché non sei uscito? *(non avere voglia)* — Non sono uscito perché non avevo voglia.
2. Perché non hai mangiato? *(non avere fame)* ____________________
3. Perché non hai dormito? *(non avere sonno)* ____________________
4. Perché non sei venuto? *(non avere tempo)* ____________________
5. Perché non siete partiti? *(non avere la macchina)* — Non siamo partiti perché non avevamo la macchina.
6. Perché non avete messo il cappotto? *(non avere freddo)* ____________________
7. Perché non avete scritto a Giorgio? *(non avere l'indirizzo)* ____________________
8. Perché non avete telefonato a Paolo? *(non avere il numero)* ____________________

5. Trasformare

1. Non ha scritto perché non aveva l'indirizzo. — Non hanno scritto perché non avevano l'indirizzo.
2. Non ha mangiato perché non aveva fame. ______
3. Non ha comprato niente perché non aveva soldi. ______
4. Non ha guardato la TV perché aveva sonno. ______
5. Non è andato a dormire perché non aveva sonno. — Non sono andati a dormire perché non avevano sonno.
6. Non è uscito perché non aveva tempo. ______
7. Non si è fermato perché aveva fretta. ______
8. Non ha aspettato perché aveva un appuntamento. ______

6. Rispondere

1. Dove andavi quando ti ho incontrato? *(andare a fare la spesa)* — Andavo a fare la spesa.
2. Che cosa facevi quanto ti ho telefonato? *(preparare un caffè)* ______
3. Che cosa facevi quando sono entrato? *(scrivere una lettera)* ______
4. Che cosa facevi quando è arrivato il professore? *(studiare i pronomi)* ______
5. Con chi parlavi quando ti ho visto al centro? *(parlare con il padrone di casa)* ______
6. Che cosa facevi quando è cominciata la lezione? *(prendere un cappuccino al bar)* ______
7. Che cosa cercavi quando ti sei alzato? *(cercare il dizionario)* ______
8. Che cosa sognavi quando ti ho svegliato? *(sognare di fare un viaggio)* ______

7. Rispondere

1. A che cosa pensavi quando rispondevi alla mia domanda? *(pensare all'esame)* — Pensavo all'esame.
2. Con chi parlavi mentre aspettavi l'autobus? *(parlare con un compagno di scuola)* ____________________
3. Che cosa cantavi mentre ti vestivi? *(cantare una vecchia canzone americana)* ____________________
4. Che cosa leggevi mentre sentivi la radio? *(leggere un giallo)* ____________________
5. Che cosa facevi mentre il professore spiegava? *(sognare ad occhi aperti)* ____________________
6. Che cosa facevi mentre io studiavo? *(preparare il pranzo)* ____________________
7. A chi telefonavi mentre ero a tavola? *(telefonare al medico)* ____________________
8. Dove andavi mentre pioveva? *(andare dal fioraio)* ____________________

8. Rispondere

1. Dove mangiavi quando eri al mare? *(in pensione)* — Mangiavo in pensione.
2. Dove abitavi quando eri a Parigi? *(da un amico)* ____________________
3. A che ora ti alzavi quando eri in vacanza? *(alle dodici)* ____________________
4. Dove passavi le vacanze quando eri bambino? *(in montagna)* ____________________
5. Con chi trascorrevi il tempo quando frequentavi l'università? *(con gli amici)* ____________________
6. Chi ti curava quando stavi male? *(un noto specialista)* ____________________
7. Quale lingua straniera studiavi quando eri alla scuola media? *(il francese)* ____________________
8. Quale sport praticavi quando eri nel tuo paese? *(il tennis)* ____________________

9. Trasformare

1. Quando sono arrivato qui non conoscevo nessuno. — Quando siamo arrivati qui non conoscevamo nessuno.
2. Quando ho cominciato il corso non sapevo una parola d'italiano. ______
3. Non ho comprato quella cravatta perché costava troppo. ______
4. Quando ho visto lo studente sembrava soddisfatto. ______
5. Non sono uscito perché dovevo studiare. — Non siamo usciti perché dovevamo studiare.
6. Non ti ho aiutato perché non potevo. ______
7. Non sono venuto a trovarti perché non stavo in città. ______
8. Non ho sentito suonare il telefono perché ero in giardino. ______

10. Trasformare

1. Vado a letto perché sono stanco morto. — Sono andato a letto, perché ero stanco morto.
2. Non esco perché non ho voglia. ______
3. Accendo la TV perché voglio vedere un giallo. ______
4. Ascolto la radio perché c'è un programma interessante. ______
5. Non aspetto perché devo partire. ______
6. Non aspetto perché ho un appuntamento. ______
7. Non spedisco la lettera perché non ho un francobollo. ______
8. Prendo una aspirina perché mi fa male la testa. ______

i tetti e le antenne della TV

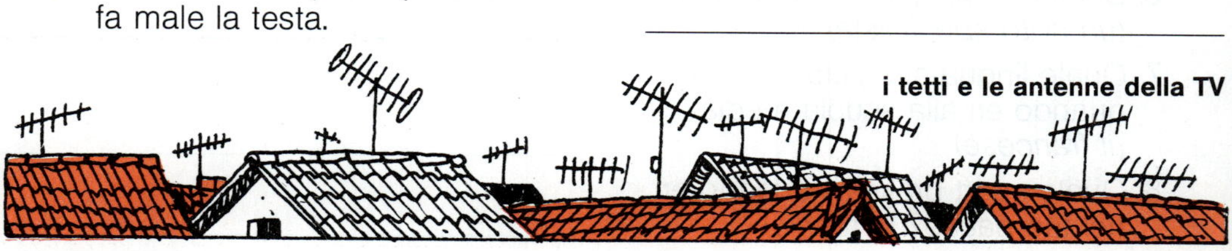

11. Completare

1. Sono rimasto a casa, perché stavo male. *(stare)*
2. Sono uscito, perché __________ fare una passeggiata. *(volere)*
3. Non ho aspettato ancora, perché __________ tornare in fretta a casa. *(dovere)*
4. Non ho comprato la macchina, perché non __________ spendere tanto denaro. *(potere)*
5. Non ho risposto al telefono, perché non __________ in casa. *(essere)*
6. Non ho mangiato, perché non __________ fame. *(avere)*
7. Ho aperto la finestra, perché __________ caldo. *(avere)*
8. Ho riposato un po', perché __________ stanco. *(essere)*

l'annunciatrice

12. Trasformare al passato e trapassato

1. Ho fame, mangio la bistecca ai ferri che ha preparato mia moglie. — Avevo fame, ho mangiato la bistecca ai ferri che aveva preparato mia moglie.
2. Sono libero, leggo il libro che ho comprato da tempo. __________
3. Ho tempo, rispondo alla lettera che ho ricevuto da qualche settimana. __________
4. Sto male, prendo le medicine che ho portato dal mio paese. __________
5. Fa brutto tempo, non esco e studio la lezione che il professore ha spiegato. __________
6. Sono al bar, saluto lo studente che ho conosciuto a Firenze. __________
7. Sono con amici, guardo le foto che ho fatto al mare. __________
8. Sono in classe, correggo gli esercizi che ho assegnato da qualche giorno. __________

13. **Completare** (con l'imperfetto)

1. Ieri sera non sono uscito, perché non ____________ voglia: ____________ molto stanco.
2. Ah, vado pazzo per i gialli. Qual ____________ il titolo e chi ____________ il regista del film?
3. Non lo so, perché quando ho acceso il televisore, il film era già cominciato e la polizia ________________ un assassino che ________________ in giro di notte ad uccidere donne giovani e belle.
4. E come le ____________________ ?
5. Le ________________ con una calza di seta che ________________ intorno al loro collo.
6. Come è finito il film? Chi ____________ l'assassino? La polizia è riuscita a scoprirlo?
7. Quando è ritornata la luce, dopo un quarto d'ora circa, il film era già finito e sullo schermo c'____________ la pubblicità.

14. **Completare** (con il trapassato)

1. Non so qual era il titolo, perché, quando ho acceso il televisore, il film ______ già ____________________ e la polizia cercava un assassino.
2. Quando ho cominciato a vedere il film, l'assassino ne ____________ già ____________ tre con questo sistema.
3. Alle dieci e mezza è andata via la luce e quando è ritornata, dopo circa un quarto d'ora, il film ____________ già ____________ e sullo schermo c'era la pubblicità.

15. **Completare** (con il passato prossimo)

1. Giorgio, appassionato di gialli, racconta a Paolo l'ultimo film poliziesco che ____________________, la sera prima, alla TV.
2. ______________________________ ieri sera, Giorgio?
3. No, non ________________, perché non avevo voglia: ero molto stanco.
4. Che cosa ________________ a casa?
5. ________________ un bel film alla televisone.
6. Che film ________________ ?
7. Non so quale era il titolo, perché quando ________________ il televisore il film era già cominciato.

8. Quando ________________ a vedere il film ne aveva già uccise tre con questo sistema.
9. Come ________________ il film? Chi era l'assassino? La polizia ________________ a scoprirlo?
10. Alle dieci e mezza ________________ via la luce e quando ________________ dopo circa un quarto d'ora, il film era già finito.

16. Completare (con le preposizioni)

1. Giorgio, appassionato ________ gialli, racconta ________ Paolo l'ultimo film poliziesco che ha visto, la sera prima, ________ TV.
2. Che cosa hai fatto ________ casa? - Ho visto un bel film ________ televisione.
3. Ah, vado pazzo _____ i gialli. Qual era il titolo e chi era il regista ____ film?
4. La polizia cercava un assassino che andava ________ giro ________ notte ________ uccidere donne giovani e belle.
5. Le uccideva ________ una calza ________ seta che stringeva intorno ________ loro collo.
6. Quando ho cominciato ________ vedere il film ne aveva già uccise tre ________ questo sistema.
7. Chi era l'assassino? La polizia è riuscita ________ scoprirlo?
8. È un mistero perché ________ dieci e mezza è andata via la luce, e quando è ritornata, dopo circa un quarto _____'ora, il film era già finito e ________ schermo c'era la pubblicità ________ calze ________ donna.

17. Completare (con gli articoli)

1. Giorgio, appassionato di gialli, racconta a Paolo _____'ultimo film poliziesco che ha visto, ________ sera prima, alla TV.
2. Ho visto ________ bel film alla televisione.
3. Ah, vado pazzo per ________ gialli. Qual era ________ titolo e chi era ________ regista del film?
4. Non lo so, perché quando ho acceso ________ televisore ________ film era già cominciato e ________ polizia cercava ________ assassino che andava in giro di notte ad uccidere donne giovani e belle.
5. Come è finito ________ film? Chi era ________'assassino? ________ polizia è riuscita a scoprirlo?
6. Non lo so. È ________ mistero.
7. Perché alle dieci e mezza è andata via ________ luce e quando è ritornata, dopo circa ________ quarto d'ora, ________ film era già finito e sullo schermo c'era ________ pubblicità.

18. Completare (con i pronomi)

1. Qual era il titolo e chi era il regista del film? – Non ______ so, perché quando ho acceso il televisore, il film era già cominciato.
2. La polizia cercava un assassino che andava in giro di notte ad uccidere donne giovani e belle. - E come ________ uccideva?
3. ________ uccideva con una calza di seta che stringeva intorno al loro collo.
4. Quando ho cominciato a vedere il film ________ aveva già uccise tre con questo sistema.
5. Come è finito il film? Chi era l'assassino? La polizia è riuscita a scoprir___?
6. Non ________ so. È un mistero.

19. Riordinare le parole

1. di -a - film - ha - sera - TV. - appassionato - racconta - l'ultimo - che - la - alla - Giorgio, - gialli - Paolo - poliziesco - visto, - prima.

20. Riordinare le parti di frase

1. quando ho acceso - era già cominciato - cercava un assassino - ad uccidere - Non lo so, - perché - il televisore, - il film - e la polizia - che andava in giro di notte - donne giovani e belle.
2. è andata via la luce - dopo un quarto d'ora, - c'era la pubblicità delle calze da donna. - Perché alle dieci e mezza - e quando è ritornata, - e sullo schermo - il film era già finito.

21. Combinare domanda e risposta

1. Sei uscito ieri sera?	– Le uccideva con una calza di seta.
2. Che cosa hai fatto a casa?	– Un film poliziesco.
3. Che film hai visto?	– Non lo so. È un mistero.
4. E come le uccideva?	– Ho visto un bel film alla televisione.
5. Chi era l'assassino?	– No, Paolo, non sono uscito.

22. Fare la domanda

1. Giorgio ieri sera è uscito?	– No, non è uscito.
2. ____________________ ?	– Perché era molto stanco.
3. ____________________ ?	– No, non sa chi era il regista.
4. ____________________ ?	– Cercava un assassino.
5. ____________________ ?	– Le uccideva con una calza di seta.
6. ____________________ ?	– Ne aveva già uccise tre.
7. ____________________ ?	– È mancata alle dieci e trenta.
8. ____________________ ?	– C'era la pubblicità.

INDICATIVO: IMPERFETTO

(ascoltare)	ascolta–		la radio	
(leggere)	legge–	-vo	il giornale	
(dormire)	dormi–	-vi	profondamente	
(fare)	face–	-va	il programma per stasera	quando è entrata Lisa
(dire)	dice–	-vamo	le solite cose	
(tradurre)	traduce–	-vate	la lettera in inglese	
(bere)	beve–	-vano	una birra	
(proporre)	propone–		di uscire	

VERBO: ESSERE

ero **eri** **era** **eravamo** **eravate** **erano**	a casa in giardino	quando ha telefonato Luigi

INDICATIVO: TRAPASSATO PROSSIMO

Quando	ho acceso il televisore	il film **era cominciato** da alcuni minuti
	ho cominciato a vedere il film	l'assassino **aveva ucciso** già tre donne
	la luce è tornata	il film **era** già **finito** da un pezzo
	sono arrivati alla stazione	il treno **era partito** da poco
Ieri sera	eravamo stanche	perché **avevamo fatto** una lunga passeggiata nel pomeriggio
	non sono andati a vedere lo spettacolo	perché l'**avevano** già **visto** a Roma alcuni mesi prima

TROPPO, MOLTO, PARECCHIO, TANTO, POCO come AVVERBI:

Modificano un verbo

Ho studiato	troppo
Abbiamo bevuto	parecchio
Avete mangiato	tanto
Lavorate	poco

Modificano un aggettivo

Questo vino	è	troppo	caldo
Questa birra		poco	fredda
Questi quadri	sono	parecchio/tanto	brutti
Queste bistecche		molto	dure

Modificano un avverbio

Ti sei alzato	tanto troppo molto	tardi presto
È arrivato	poco parecchio	dopo prima

TROPPO, MOLTO, PARECCHIO, TANTO, POCO come AGGETTIVI:

Modificano un nome

Ha parecch**i** sold**i**
Legge tropp**i** romanz**i** giall**i**
Guadagna molt**o** denar**o**
Fuma poch**e** sigarett**e**
Beve tant**a** acqu**a**

BELLO e QUELLO

Ho comprato	il un **quel** un **bel**	vaso quadro	a Roma
	i dei **quei** **bei**	vasi quadri	
	lo uno **quello** un **bello**	specchio	
	gli degli **quegli** **begli**	specchi	
	l' un **quell'** un **bell'**	anello orologio	
	gli degli **quegli** **begli**	anelli orologi	

NOME + aggettivo BELLO

Ho visto in una vetrina a Roma	un vaso un quadro uno specchio un anello un orologio	bello

⇨

Ho visto in una vetrina a Roma	(dei)	vasi quadri	belli
	(degli)	specchi anelli orologi	

SAPERE + frase

Tu **sai** Lei **sa**	**chi ho incontrato?** **perché lui non è venuto con noi?**	Sì, No, non	**lo**	**so.**
Sapete Loro **sanno**	**a che ora parte il treno?** **dove è la biblioteca?**			**sappiamo.**
Avete saputo	**quanto costa questa borsa?** **quando finirà il corso?**			**abbiamo saputo.**

SAPERE + infinito

Sai	**guidare** l'auto?	Sì, No, non	**so**	**guidar**la.
	suonare la chitarra?			**suonar**la.
	giocare a tennis?			**giocare** a tennis.
	cucinare?			**cucinare**.
	parlare l'italiano?			**parlar**lo.
	fare le tagliatelle?			**far**le.

CONOSCERE + nome

Conosci	**l'Italia?**	Sì, No, non	**la**	**conosco.**
Conoscete	**il nome** di quel signore?		**lo**	**conosciamo.**
Avete conosciuto	**gli studenti** della classe?		**li**	**abbiamo conosciuti.**

SIMBOLOGIA GRAFICA PER L'USO DELL'IMPERFETTO, PASSATO PROSSIMO E TRAPASSATO PROSSIMO

1.

Studiavo.
Stavo male.
Avevo fame.
Ero stanco.

* (Azione durativa passata) [IMPERFETTO]

2. 

Mentre mangiavo, guardavo la TV.
Passeggiavano e parlavano.
Ero stanco e avevo fame.

* (Azioni parallele passate) [IMPERFETTO]

3. 

Ho mangiato.
Sono uscito.
È arrivato il postino.

* (Azione perfetta passata) [PASSATO PROSSIMO]

4. 

Mentre studiavo, è arrivato il postino.
Mentre dormivo è suonato il telefono.

* (Azione durativa) [IMPERFETTO]
* (Azione perfetta infinita) [PASSATO PROSSIMO]

5. 

Durante le vacanze andavo spesso a teatro.
Ogni mattina mi facevo il caffè.
Quando ero bambino, non andavo a scuola volentieri.

* (Azioni passate e ripetute) [IMPERFETTO]

6. 

Mi sono alzato, ho fatto colazione e sono uscito.

* (Azioni perfette in successione) [PASSATO PROSSIMO]

7. 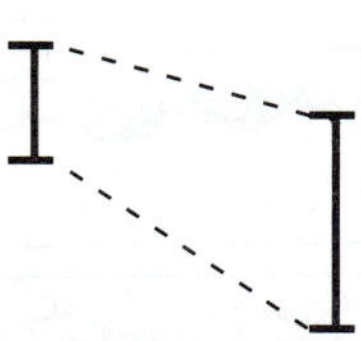

Avevo lasciato il libro a scuola, perciò non ho studiato.

* (Azione perfetta più passata) [TRAPASSATO PROSSIMO]
* (Azione perfetta passata) [PASSATO PROSSIMO]

8. 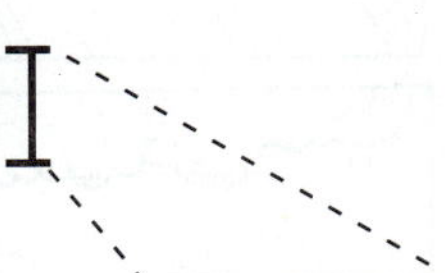

Ero stanco morto, perché avevo corso troppo.

* (Azione perfetta più passata) [TRAPASSATO PROSSIMO]
* (Azione durativa passata) [IMPERFETTO]

Leggere e osservare

— Come ho passato la mattina di lunedì scorso?

1. *Alle otto ero* in macchina diretto verso l'ufficio.
2. *Alle nove ero* al bar per un cappuccino.
3. *Alle dieci ero* dal mio direttore.
4. *Alle undici ero* in archivio per cercare una pratica.
5. *Alle dodici ero* al bar per un aperitivo.
6. *Alle tredici ero* in macchina verso casa.
7. *Sono stato* fuori dal mio ufficio *tutta la mattinata.*

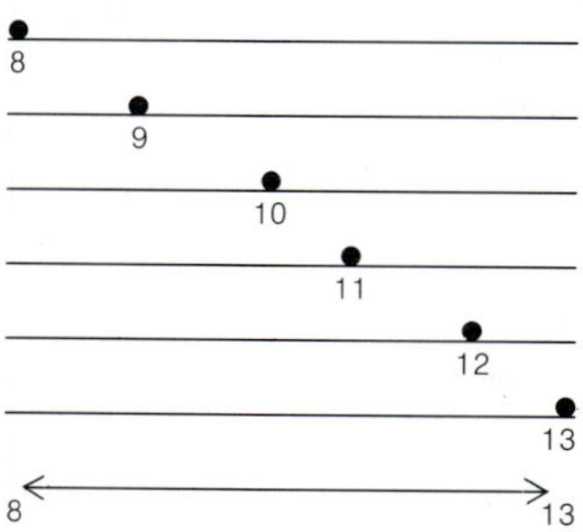

Leggere

— Ti ho telefonato tre volte ieri pomeriggio.

1. La prima volta, *erano le quattro,* mi ha risposto tua madre: mi ha detto che *eri* in camera tua e *riposavi.*
2. La seconda volta, *alle cinque circa,* mi ha risposto tua sorella: mi ha detto che *dormivi.*
3. La terza volta, *verso le sei,* non mi ha risposto nessuno: *erano* tutti fuori e forse tu *dormivi* ancora.

— Ma che fai, dormi sempre?

4. Eh sì, ieri non *mi sentivo* bene, sono andato a letto, *ho dormito tutto il pomeriggio.*

Leggere e osservare

1. *Alle quattro ha cominciato* a piovere;
2. *Alle cinque pioveva* ancora.
3. *Alle sei pioveva* ancora.
4. *Alle sette e mezza ha smesso* di piovere.
5. *Ha piovuto dalle quattro alle sette e trenta.*

5 

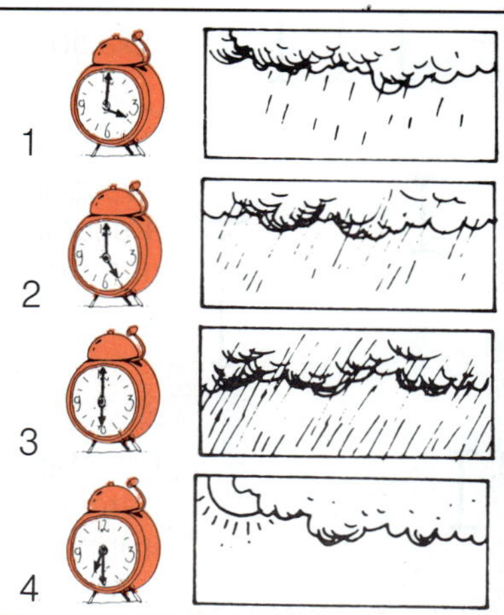

OCCHIO ALLA LINGUA! 9

LESSICO

1. – Sei uscito?
   – No, non *avevo voglia*.
2. – Vuoi leggere?
   – No, non *ho voglia di* leggere.
3. – Insomma che cosa vuoi fare stasera?
   – *Ho voglia di* andare al concerto.
4. – Quali film preferisci vedere?
   – *Vado pazzo per* i film gialli,
   per i film del brivido,
   per tutti quelli dove c'è suspense.
5. – Qual è la musica che ascolti volentieri?
   – La musica rock, folk, jazz, sinfonica,
   tutta la musica: *io vado pazzo per* la musica.
6. – Sai qual era il titolo del film e chi era il regista?
   – No, *non lo so*.
7. – Sai se la polizia è riuscita a scoprire l'assassino?
   – No, *non lo so*.

1. — Mi racconti *la trama* del film?
   — No, adesso *non ho voglia*.
2. — Qual è *l'attore* che preferisci?
   — *Vado pazza per* Al Pacino.
3. — *Che film danno* stasera in TV?

FUNZIONI	ATTI COMUNICATIVI
Paura	— Non voglio vedere i film gialli, ho paura. — Tremo dalla paura. — Ho una paura da morire! — Che paura! — Ho paura di vedere questi film del brivido.
Incoraggiare	— Niente paura! — Non bisogna avere paura. — Via! Un po' di coraggio!
Chiedere il perché di un fatto contenuto in un enunciato	— E perché? — Perché mai? — Per quale ragione? — Non ho capito perché!

9 MOMENTO CREATIVO

Dettare il testo che segue

Un giallo in TV

Giorgio ieri sera non è uscito: non aveva voglia, perché era molto stanco.

Ha visto un film giallo alla TV, ma non sa quale era il titolo del film né chi era il regista perché, quando ha acceso il televisore, il film era già cominciato.

A quel punto la polizia cercava un assassino che andava in giro di notte ad uccidere donne giovani e belle: le uccideva con una calza di seta che stringeva intorno al loro collo.

Quando Giorgio ha cominciato a vedere il film, ne aveva già uccise tre con questo sistema.

Giorgio non sa come è finito il film, chi era l'assassino e se la polizia è riuscita a scoprirlo; per lui è tutto un mistero.

Infatti alle dieci e trenta è mancata la luce e quando è ritornata, dopo circa un quarto d'ora, il film era già finito e sullo schermo c'era la pubblicità: con splendide ragazze che indossavano calze ... "Mistero".

23. Leggere attentamente il testo che precede e ripetere a libro chiuso.

24. Completare con le parole che mancano

Giorgio ieri ________ non è ________: non aveva ________ perché era ________ stanco. Ha ________ un film ________ alla TV, ______ non sa ______ era il ________ del film, ______ chi era ______ regista, perché ________ ha acceso ______ televisore, il ______ era già ____________.

A quel ________ la polizia ________ un assassino ______ andava in ______ di notte ______ uccidere donne ________ e belle: ______ uccideva con ______ calza di ________ che stringeva ________ al loro ________.

Quando Giorgio ______ cominciato a ________ il film, ______ aveva già ________ tre, con ______ sistema. Giorgio ______ sa come ______ finito il ______, chi era ______'assassino e ______ la polizia ______ riuscita a ________; per lui ______ tutto un ________. Infatti alle ________ e trenta ______ mancata la ________ e quando ______ ritornata, dopo ______ un quarto ______'ora, ______ film era ______ finito e ______ schermo ______'era la ________: con splendide ________ che indossavano ________ ... "Mistero".

25. Domande personalizzate

1. Che cosa faceva di solito Lei la sera quando era nel Suo paese (o fuori del Suo paese)?
2. Quali spettacoli preferiva vedere?
3. Ricorda cosa faceva Lei sei mesi fa?
4. Ricorda dove era Lei sei mesi fa?

26. Per la composizione scritta

1. Descriva una scena particolarmente emozionante di un giallo che ha visto al cinema o alla TV.
2. Immagini di essere uno scrittore di gialli. Inventi una storia poliziesca.

Pier Paolo Pasolini scrittore e regista.

Anna Magnani in "Mamma Roma" di Pier Paolo Pasolini, 1962.

F. Fellini: "Fellini - Satyricon".

IL CINEMA ITALIANO

Dopo il Rinascimento, cioè dopo Leonardo, Michelangelo, Raffaello, Galileo, la cultura italiana forse non ha parlato molto al mondo.

Pittori, letterati, filosofi, poeti, scienziati, architetti non hanno avuto, nei secoli successivi, tranne alcune eccezioni, pari rilievo e prestigio.

Per la musica, certo, il discorso è diverso: Vivaldi, Verdi, Puccini, Bellini, Monteverdi sono conosciuti anche dove non arriva la fama di personaggi quali Vico o Foscolo fino a Leopardi o Manzoni.

La cultura italiana è tornata a parlare, senza complessi di inferiorità, all'Europa e al mondo, è tornata a farsi ascoltare, seguire ed imitare, proprio con il CINEMA.

Nel secondo dopoguerra il cinema italiano fa il giro del mondo: prima con la grande lezione dei Maestri del "Neorealismo", quali Rossellini e De Sica, poi con il cinema geniale ed innovatore di Antonioni, Pasolini, Visconti, Petri, Fellini.

L'Italia è sicuramente uno dei Paesi che ha saputo usare ed innalzare a dignità di arte vera questa nuova lingua universale, con maggiore intelligenza e creatività.

Nessuno scrittore o poeta italiano contemporaneo può dire di avere fama internazionale quanto i nostri registi cinematografici.

Vittorio de Sica: "Il generale Della Rovere".

Vittorio Gasman.

Alberto Sordi.

In tutto il mondo milioni e milioni di persone hanno partecipato intensamente, hanno portato negli occhi e nel cuore le sequenze di "Ladri di biciclette", una storia amara di gente povera; "Roma città aperta", un grande affresco sulla solidarietà umana; "La strada", l'amore straordinario e totale di una donna per un uomo rude e a suo modo generoso; "Sciuscià", la giornata di un bambino che vince fame, solitudine e morte tra gli orrori della guerra; "Il generale Della Rovere", cioè come recuperare, con un atto di eroismo, tanti momenti di debolezza e vigliaccheria; "La dolce vita", immagine di una Roma borghese, superficiale e crudele.

Nino Manfredi.

IL CINEMA (DAL VIDEOCORSO)

Con il cinema, la cultura italiana è tornata a parlare al mondo.
Nel secondo dopoguerra il cinema italiano fa il giro del mondo: prima con la grande lezione dei maestri del "Neorealismo":
Rossellini: "Roma città aperta" (1945), con Aldo Fabrizi e Anna Magnani; Visconti: "Rocco e i suoi fratelli" (1960), con Alain Delon e Renato Salvatori; "Ossessione" (1943), con Clara Calamai e Massimo Girotti.
Antonioni; De Sica: "Miracolo a Milano" (1951), con attori presi dalla strada, non professionisti; "Ladri di biciclette" (1948).
Fellini: "Lo sceicco bianco" (1952), con Alberto Sordi.
Federico Fellini e Marcello Mastroianni; "La dolce vita" (1960), con Marcello Mastroianni e Anita Eckberg.
Visconti: "Il Gattopardo" (1963), con Burt Lancaster, Alain Delon, Claudia Cardinale; è la Sicilia nel passaggio tra il vecchio mondo e il nuovo Stato Italiano.
Scola: "C'eravamo tanto amati" (1974), con Vittorio Gassman, Nino Manfredi, Stefano Satta Flores.
Anche in tempi più vicini il cinema italiano è vivo e vitale e continua a parlare al mondo con registi quali Rosi, Wertmüller, Risi, i fratelli Taviani e Bertolucci: "L'ultimo imperatore" (1988) riceve nove premi Oscar.

Anita Eckberg in "La dolce vita".

I volti di Sofia Loren, Marcello Mastroianni, Giulietta Masina, Anna Magnani, Vittorio Gasmann hanno coperto i muri di tutte le città del mondo.

Anche in tempi più recenti il cinema italiano è vivo e vitale e continua la sua tradizione di impegno morale, di cultura, di denuncia sociale con registi quali Rosi, Bertolucci, ("L'ultimo imperatore" Oscar 1988), Wertmuller, Risi, i fratelli Taviani ed altri numerosissimi, tra cui ricordiamo Giuseppe Tornatore con "Nuovo Cinema Paradiso", Oscar 1990.

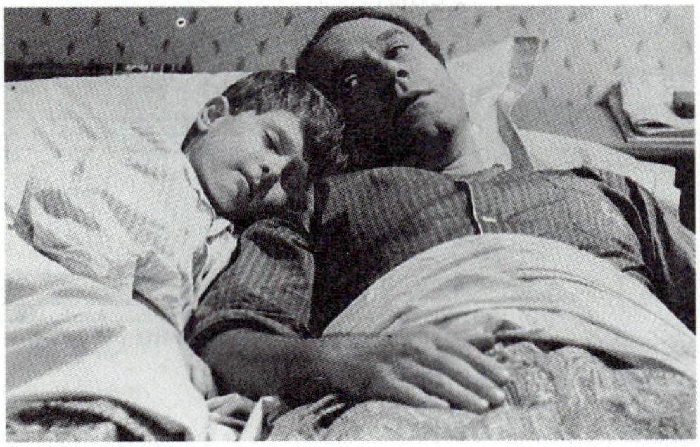

Carlo Verdone.

Federico Fellini sul set di "Casanova".

Paolo Villaggio.

27. Questionario

1. Faccia una breve storia, se può, del cinema. Dal film muto, al sonoro, a quello a colori.
2. Agli inizi di questo secolo un tecnico della nuova industria cinematografica ha scritto queste parole: "Il cinema è il giornale, la scuola e il teatro di domani". È così?
3. Ha mai visto un film classico del cinema muto (film di Eisenstein, Dreyer, Chaplin)? Esprima le Sue impressioni.
4. In quale periodo della storia è nato il "Neorealismo"?
5. Quali celebri registi italiani conosce?
6. Quali famosi film italiani conosce e quali ha visto?
7. Quali attori o attrici italiani conosce?
8. Racconti l'ultimo film che ha visto.

9

VOLARE

Penso che un sogno così
non ritorni mai più:
mi dipingevo le mani e la
faccia di blu,
poi d'improvviso venivo dal
vento rapito
e incominciavo a volare nel
cielo infinito...
Volare... oh, oh! ...
cantare... oh, oh, oh, oh!
nel blu dipinto di blu,
felice di stare lassù.
E volavo, volavo felice
più in alto del sole ed ancora
più su,
mentre il mondo pian piano
spariva lontano laggiù,
una musica dolce suonava
soltanto per me...
Volare... oh, oh! ...
cantare... oh, oh, oh, oh!
nel blu, dipinto di blu,
felice di stare lassù.
Ma tutti i sogni nell'alba
svaniscon perché,
quando tramonta, la luna li
porta con sé.
Ma io continuo a sognare
negli occhi tuoi belli,
che sono blu come un cielo
trapunto di stelle.
Volare... oh, oh! ...
cantare... oh, oh, oh, oh!
nel blu, dipinto di blu,
felice di stare quaggiù.
E continuo a volare felice
più in alto del sole ed ancora
più su,
mentre il mondo pian piano
scompare
negli occhi tuoi blu;
la tua voce è una musica
dolce che suona per me.
Volare... oh, oh!

(Modugno-Migliacci)

PRONOMI DIRETTI E "NE" CON I TEMPI COMPOSTI

a teatro

10

Riccardo rientra a casa all'ora di cena e parla con sua moglie che prepara da mangiare.

Riccardo:
Ciao, Lia, eccomi qua. È pronta la cena?

Lia:
Quasi pronta, Riccardo. Ti sei ricordato dei biglietti per lo spettacolo di questa sera? Il palco l'avevo già prenotato io.

Riccardo:
Ce li ho, ce li ho! Li ha presi la mia segretaria.

Lia:
Li ha comprati poi?

Riccardo:
Sì, li ha comprati anche se ha dovuto fare la fila. Ma dove li ho messi? Ah, eccoli qui.

Lia:
Quanti ne ha fatti?

Riccardo:
Ne ha comprati quattro: due per noi e due per i signori Santini.

Lia:
Come? I Santini vengono con noi?

Riccardo:
Sicuro. La volta scorsa, quando *li* abbiamo incontrati al tennis club, io *li* ho invitati per questa sera con noi per vedere l'ultima commedia di Eduardo De Filippo.

Lia:
Ma, Riccardo, ti ho detto tante volte che lei è antipatica: *mi* ha incontrato spesso per la strada e non *mi* ha mai salutata.

Riccardo:
Pazienza! Tu non sopporti lei, io non sopporto lui. Su, su, dobbiamo cenare in fretta. Se ci mettiamo a discutere, faremo tardi e non potremo entrare.

10 COMPRENDERE

1. Scelta multipla

1. Quando Riccardo rientra, è quasi pronta	☐ la cena ☐ la merenda ☐ la colazione
2. Lia aveva già	☐ venduto il palco ☐ prenotato il palco ☐ comprato il palco
3. La segretaria ha dovuto fare	☐ la spesa ☐ la domanda ☐ la fila
4. Hanno incontrato i Santini e li hanno invitati a vedere	☐ una commedia di Eduardo De Filippo ☐ un'opera di Verdi ☐ una tragedia di Shakespeare
5. Quanti biglietti ha fatto la segretaria? Ne ha fatti	☐ molti ☐ quattro ☐ pochi
6. – Tu non sopporti	☐ noi ☐ loro ☐ lei
7. – Mi ha incontrato spesso per la strada e non mi ha mai	☐ vista ☐ salutata ☐ abbracciata
8. – Se ci mettiamo a discutere faremo	☐ in fretta ☐ presto ☐ tardi

2. Questionario

1. Che cosa domanda Riccardo quando rientra?
2. Cosa vuol sapere Lia?
3. Chi ha prenotato il palco?
4. Chi ha comprato i biglietti?
5. Quanti ne ha comprati?
6. Perché Lia non ama la compagnia dei signori Santini?

3. Rispondere

1. Hai già letto il giornale? — Sì, l'ho già letto.
2. Hai già preso il caffè? ______
3. Hai già visto Riccardo? ______
4. Hai già prenotato il posto? ______
5. Hai già comprato la birra? — Sì, l'ho già comprata.
6. Hai già invitato la signorina? ______
7. Hai già incontrato Maria? ______
8. Hai già preparato la valigia? ______

4. Rispondere

1. Quando avete cambiato i soldi? *(ieri)* — Li abbiamo cambiati ieri.
2. Quando avete fatto gli esercizi? *(poco fa)* ______
3. Quando avete conosciuto i signori Rossi? *(l'anno scorso)* ______
4. Quando avete invitato i signori Rossi? *(l'altro ieri)* ______
5. Quando avete spedito le lettere? *(ieri)* — Le abbiamo spedite ieri.
6. Quando avete saputo quelle notizie? *(due giorni fa)* ______
7. Quando avete incontrato le vostre amiche? *(la settimana passata)* ______
8. Quando avete perduto le chiavi di casa? *(stamattina)* ______

5. Rispondere

1. Ha cambiato tutti i soldi? — Sì, li ho cambiati tutti.
2. Ha fatto tutti gli esercizi? ______
3. Ha salutato tutti gli ospiti? ______
4. Ha portato tutti i documenti? ______
5. Ha spedito tutte le lettere? — Sì, le ho spedite tutte.
6. Ha accompagnato tutte le amiche? ______
7. Ha preso tutte le medicine? ______
8. Ha pagato tutte le tasse? ______

6. Rispondere

1. Quanti giornali hai comprato? — Ne ho comprato uno.
2. Quanti film hai visto? ______
3. Quanti regali hai ricevuto? ______
4. Quanti caffè hai bevuto? ______
5. Quanti dischi hai ascoltato? — Non ne ho ascoltato nessuno.
6. Quanti viaggi hai fatto questo mese? ______
7. Quanti cioccolatini hai mangiato? ______
8. Quanti esercizi hai preparato? ______

7. Rispondere

1. Quante paste hai mangiato? — Ne ho mangiata una.
2. Quante cartoline hai ricevuto? ______
3. Quante città italiane hai visitato? ______
4. Quante valigie hai portato con te? ______
5. Quante sigarette hai fumato? — Non ne ho fumata nessuna.
6. Quante canzoni hai ascoltato? ______
7. Quante barzellette hai raccontato? ______
8. Quante studentesse hai invitato? ______

8. Rispondere

1. Quanti esercizi avete corretto? — Ne abbiamo corretti molti.
2. Quanti sbagli avete fatto? ______
3. Quanti regali avete ricevuto? ______
4. Quanti film avete visto? ______
5. Quante parole nuove avete studiato? — Ne abbiamo studiate molte.
6. Quante persone avete aiutato? ______
7. Quante riviste avete letto? ______
8. Quante cartoline avete spedito? ______

la maschera

9. Rispondere

1. Hai messo il vestito nella valigia? — Sì, ce l'ho messo.
2. Hai riportato il libro in biblioteca? ______
3. Hai accompagnato tuo figlio dal medico? ______
4. Hai mandato tuo figlio al cinema? ______
5. Hai messo la camicia nuova nella valigia? — Sì, ce l'ho messa.
6. Hai portato la macchina dal meccanico? ______
7. Hai accompagnato tua figlia dal dentista? ______
8. Hai mandato la signorina dal direttore? ______

10. Rispondere

1. Quanti libri hai messo nella borsa?
   — Ce ne ho messo uno.
   — Ce ne ho messi molti.
   — Non ce ne ho messo nessuno.
2. Quanti giornali hai messo nel cassetto?
   ______
   ______
   ______
3. Quante cravatte hai messo nella valigia?
   — Ce ne ho messa una.
   — Ce ne ho messe molte.
   — Non ce ne ho messa nessuna.
4. Quante riviste hai messo sul tavolo?
   ______
   ______
   ______

11. **Completare** (con i pronomi)

1. Ciao, Lia, ecco ____________ qua. È pronta la cena?
2. Quasi pronta. _________ sei ricordato dei biglietti per lo spettacolo di questa sera? Il palco ______'avevo già prenotato io.
3. Ce _________ ho, ce _________ ho! _________ ha presi la mia segretaria.
4. ____________ ha comprati poi?
5. Sì, _________ ha comprati anche se ha dovuto fare la fila. Ma dove _________ ho messi? Ah, ecco _______ qui.
6. Quanti ____________ ha fatti?
7. ____________ ha comprati quattro.
8. La volta scorsa, quando ____________ abbiamo incontrati al tennis club, io _________ ho invitati per questa sera con noi per vedere l'ultima commedia di Eduardo De Filippo.
9. Ma, Riccardo, ti ho detto tante volte che lei è antipatica: ____________ ha incontrato spesso per strada e non ________ ha mai salutata.
10. Su, su, dobbiamo cenare in fretta. Se ____________ mettiamo a discutere, faremo tardi e non potremo entrare.

12. **Completare** (con verbi e pronomi)

1. Ti sei ricordato dei biglietti per lo spettacolo di questa sera? Il palco __________________ già __________________ io.
2. Ce li ho, ce li ho! ____ ________ ____________ la mia segretaria.
3. _________ _________ _______________ poi ?
4. Sì, anche se ha dovuto fare la fila. Ma dove _________ _________ _______________ ? Ah, eccoli qui.
5. Quanti _________ _________ _______________?
6. _________ _________ _______________ quattro.
7. La volta scorsa quando _________ _________ _______________ al tennis club, io _________ _________ _______________ per questa sera con noi per vedere l'ultima commedia di Eduardo De Filippo.
8. Ma, Riccardo, ti ho detto tante volte che lei è antipatica: _________ _________ _______________ spesso per la strada e non _________ _________ mai _______________.

13. Completare (con le preposizioni)

1. Riccardo rientra ________ casa ________'ora ________ cena e parla ________ sua moglie che prepara ________ mangiare.
2. Ti sei ricordato ________ biglietti ________ lo spettacolo ________ questa sera?
3. Ne ha comprati quattro: due ________ noi e due ________ i signori Santini.
4. Come? I Santini vengono ________ noi?
5. Quando li abbiamo incontrati ________ tennis club, io li ho invitati ________ questa sera ________ noi ________ vedere l'ultima commedia ________ Eduardo De Filippo.
6. Mi ha incontrato spesso ________ la strada e non mi ha mai salutata.
7. Su, su, dobbiamo cenare ________ fretta. Se ci mettiamo ________ discutere, faremo tardi e non potremo entrare.

14. Completare (con i verbi)

1. Riccardo ____________ a casa all'ora di cena e ____________ con la moglie che ____________ da mangiare.
2. Ciao, Lia, eccomi qua. ____________ pronta la cena?
3. Quasi pronta. Ti ____________ dei biglietti per lo spettacolo di questa sera? Il palco, l'____________ già ____________ io.
4. Ce li ____________, ce li ____________! Li ____________ la mia segretaria.
5. Li ____________ poi?
6. Sì, ____________ anche se ____________ fare la fila. Ma dove li ____________? Ah, eccoli qui.
7. Quanti ne ____________?
8. Ne ____________ quattro: due per noi e due per i signori Santini.
9. Come? I Santini ____________ con noi?
10. Sicuro. La volta scorsa, quando li ____________ al tennis club, io li ____________ per questa sera con noi per vedere l'ultima commedia di Eduardo De Filippo.
11. Ma, Riccardo, ti ____________ tante volte che lei ____________ antipatica: mi ____________ spesso per la strada e non mi ____________ mai ____________.
12. Tu non ____________ lei, io non ____________ lui. Su, su, ____________ cenare in fretta. Se ci ____________ a discutere, ____________ tardi e non ____________ entrare.

gli attori che recitano sul palcoscenico

15. Riordinare le parole

1. a - ora - e - sua - prepara - rientra - all' - cena - con - che - mangiare - Riccardo - casa - di - parla - moglie - da
2. qua. - Lia, - pronta - eccomi - Ciao, - cena? - la - pronta - È

16. Riordinare le parti di frase

1. quando li abbiamo incontrati - per vedere l'ultima commedia di Eduardo De Filippo. - La volta scorsa, - Sicuro. - al tennis club, - per questa sera - io li ho invitati - con noi

17. Combinare domanda e risposta

1. Ti sei ricordato dei biglietti per lo spettacolo?	– Sicuro.
2. La segretaria li ha comprati poi?	– Ce li ho, ce li ho!
3. Quanti ne ha fatti?	– Sì, li ha comprati.
4. I Santini vengono con noi?	– Ne ha comprati quattro.

18. Fare la domanda

1. Che cosa domanda Riccardo?	– Domanda se è pronta la cena.
2. ______________________ ?	– Rientra all'ora di cena.
3. ______________________ ?	– Prepara da mangiare.
4. ______________________ ?	– L'ha prenotato la moglie.
5. ______________________ ?	– Ne ha comprati quattro.
6. ______________________ ?	– Li hanno incontrati al tennis club.
7. ______________________ ?	– Riccardo li ha invitati.
8. ______________________ ?	– Non la sopporta perché non l'ha mai salutata.

PRONOMI DIRETTI CON I TEMPI COMPOSTI

lo, la, li, le + verbo ad un tempo composto

Hai comprato **il giornale?**	Sì, / No, non	**l'**	ho comprat**o**.
Domani, a quest'ora, avrai finito **gli esercizi?**		**li**	avrò finit**i**.
Avete ricevuto **la comunicazione?**		**l'**	abbiamo ricevut**a**.
Avete ospitato **le vostre amiche?**		**le**	abbiamo ospitat**e**.

mi, ti, ci, vi, La + verbo ad un tempo composto

Perché non	**mi** hai salutat**o**?	Scusa,	Giorgio, ma non **t'**avevo riconosciut**o**.
	mi hai salutat**o/a**?		Maria, ma non **t'**avevo riconosciut**o/a**.
	ci hai salutat**o/i**?	Scusate,	amici miei, ma non **vi** avevo vist**o/i.**
	ci hai salutat**o/e**?		amiche mie, ma non **vi** avevo vist**o/e.**
	mi ha salutat**o**?	Scusi, signor Giovanni, ma non **L'**avevo riconosciut**o/a.**	

PRONOME PARTITIVO **NE + verbo ad un tempo composto**

Quanti	biglietti	hai fatto?	Non **ne**	ho fatt**o**	nessun**o**.
			Ne		un**o**.
			Ne	ho fatt**i**	due. quattro. molt**i**.
	esercizi		Li		tutti.

Quante	ragazze della classe	hai	invitato?

Non **ne**	ho invitat**a**	nessun**a**.
Ne	ho invitat**a**	un**a**.
Ne	ho invitat**e**	due. molt**e**.
Le	ho invitate	tutte.

FARE

Che cosa	**fa** tuo padre?	Fa il professore, l'ingegnere. È professore, ingegnere.
	fai? stai **facendo**?	Leggo. Sto leggendo.
	hai fatto al ginocchio?	Ho una piccola ferita: sono caduto.
	hai fatto ieri sera?	Sono andato in discoteca.
	farai domani?	Forse andrò a trovare i miei.

faccio **fai** **fa** **facciamo** **fate** **fanno**	bene male	a fare questa dieta
	presto tardi	a preparare il pranzo a finire questo lavoro
	tardi	a scuola al concerto
	poco molto	sport movimento
	una domanda al professore un esercizio molti sbagli una passeggiata al centro una festa il caffè colazione al bar	
	entrare gli studenti preparare le valigie studiare i figli all'estero	

OCCHIO ALLA LINGUA! 10

LESSICO

il palco

1. – Ciao, cara. Che c'è *da mangiare* oggi?
2. – Hai un buon libro *da farmi leggere*?
3. – Che cosa mi dai *da bere*?
4. – Ciao, cara. *Eccomi* qua.
   – Finalmente, era ora.
5. – Dove sono i bambini?
   – *Eccoli* là che giocano.
6. – *Eccoci* arrivati finalmente a casa.
7. – E *che ci posso fare*? Tu non sopporti lei, io non sopporto lui.

---

1. — Sabato sera *andiamo a teatro*.
   — Magnifico! *Che c'è di bello da vedere*?
2. — Hai *una buona commedia da farmi leggere*?
3. — Eccolo lì! Conosce bene *la sua parte*, ma *recita* come un cane, quell'*attore*.
4. — Che ci posso fare? Sono arrivato tardi. *Le poltrone* di *platea* erano tutte esaurite.
5. — Ci vediamo dopo?
   — Sì, ci vediamo durante *l'intervallo* per *i commenti*.
6. — Questo lavoro è stato *un vero successo*, l'altro *un fiasco completo*.
7. — Che cosa dicono i giornali?
   — Non c'è da preoccuparsi: tutte *critiche* favorevoli.

FUNZIONI	ATTI COMUNICATIVI	
Antipatia	– Ti ho detto tante volte che	non la sopporto. non la trovo simpatica. non sto bene con lei. la detesto. non la posso vedere. è antipatica.
Simpatia	– Io la trovo simpatica. – Sto bene con lei. – Mi piace. – È simpatica.	
Pazienza, rassegnazione	– Ti è antipatica? Pazienza! Che ci posso fare?	
	– Non ha il resto?	– Non importa. – Fa lo stesso. – Non fa niente.

Dettare il testo che segue

A teatro

Riccardo rientra a casa e domanda alla moglie se la cena è pronta. Lia vuol sapere se il marito ha procurato i biglietti per lo spettacolo della sera, visto che il palco l'aveva già prenotato lei.

I biglietti sono pronti. Non li ha comprati Riccardo; li ha presi Maria, la sua segretaria. È riuscita a farli dopo una lunga fila al botteghino del teatro.

Maria ne ha comprati quattro: due sono per i signori Santini che desiderano, anche loro, vedere lo spettacolo.

La moglie non è contenta di questa compagnia, perché la signora Santini più volte l'ha incontrata e non l'ha salutata mai.

Riccardo risponde che non c'è niente da fare, perché è necessario restituire ai signori Santini la cortesia dell'invito a cena al tennis club.

il suggeritore

19. Leggere attentamente il testo che precede e ripetere a libro chiuso

20. Mettere il dettato in una situazione passata

Ieri sera Riccardo è *rientrato* a casa e ha domandato alla moglie se la cena era pronta.
Lia ...

21. Completare liberamente

1. Riccardo rientra a casa ...
2. Lia vuol sapere se ...
3. Maria è riuscita a fare i biglietti dopo ...
4. Lia non è contenta della compagnia dei signori Santini perché ...
5. Riccardo dice che è necessario restituire ...

il monologo

22. Domande personalizzate

1. Che lavoro fa Lei?
2. Il Suo lavoro Le permette di coltivare qualche hobby?
3. Nella Sua città c'è un teatro? Lo descriva.
4. Va spesso a teatro?
5. Quali spettacoli preferisce vedere e perché?
6. Qual è l'ultimo spettacolo teatrale che ha visto?

23. Per la composizione scritta

1. Il lavoro (o lo studio) per Lei è motivo di soddisfazione e libertà o è solo peso e fastidio?
2. Un grande autore di teatro del Suo Paese.

ESERCIZI DI REIMPIEGO E CONTROLLO AP.18

TEATRO ITALIANO DEL NOVECENTO

LUIGI PIRANDELLO (Agrigento 1867 - Roma 1936).

È il più originale autore di teatro di questa prima metà del secolo. Al teatro si avvicina molto tempo dopo la pubblicazione del suo romanzo migliore e più noto, *Il fu Mattia Pascal* (1904), e la larga fama conseguita con le 246 "Novelle" destinate ad essere raccolte nei 15 volumi di "*Novelle per un anno*".

La locandina di una commedia di L. Pirandello.

Il fu Mattia Pascal. È la storia di un impiegato, Mattia Pascal, che non potendo più sopportare i maltrattamenti di moglie e suocera, se ne va da casa e, a Montecarlo, vince una grossa somma di denaro. Un giorno, aprendo il giornale, legge di essere stato identificato nel cadavere di un annegato. Per quanti lo conoscono, pertanto, egli è morto.

Quale occasione migliore? Decide di iniziare una nuova vita in piena libertà, senza moglie, senza suocera, senza debiti e con tanti soldi.

Cambia il suo nome: d'ora in poi si chiamerà Adriano Meis e si costruisce una nuova esistenza.

A Roma, dove ha stabilito la sua dimora, si innamora di una ragazza e desidera sposarla.

– Impossibile, gli rispondono, Lei non può sposarsi, perché ... Lei non esiste; Lei non è in nessun registro; Lei non è mai nato.

Subisce un furto che lo priva di tutto, ma non può ricorrere alla polizia perché non ha documenti.

Allora sente quasi di essere morto davvero. Torna perció alla vecchia città. Ma non trova la moglie, che si è risposata, e tutto lo respinge.

Si reca al cimitero per visitare la sua ... tomba.

A chi gli domanda il nome, egli risponde: – Io sono il fu Mattia Pascal!

In Pirandello, autore di testi per la scena, prevale la natura di scrittore di letteratura drammatica rispetto a quella di completo uomo di teatro.

In questa situazione la parola ha il massimo peso, e sentimenti, passioni, situazioni, dalla parola prendono vigore e concretezza.

Pirandello, oltre alla particolare interpretazione della società italiana che si avvia al fascismo, sviluppa il grande tema della *finzione* e del suo rapporto con la *realtà,* i *casi limite* e la *pazzia.*

L. Pirandello. Sei personaggi in cerca di autore.

Luigi Pirandello.

Qualche titolo di commedia che anche all'estero gode di grande popolarità e di moltissime traduzioni e repliche:

— *O di uno o di nessuno;* l'amicizia di due vecchi scapoli rischia di finire per la nascita di un bambino di cui ognuno crede di essere il padre.

— *Ma non è una cosa seria;* la storia di un libertino che si sposa per scherzo per non legarsi definitivamente ad una donna.

— *Pensaci Giacomino*! un vecchio professore prega a lungo l'amante della moglie di non lasciarla.

— *La patente;* un povero "diavolo" ricorre al giudice non per avere giustizia nei confronti di chi lo diffama, ma per esigere la "patente di iettatore" e ottenere così da vivere.

— *Il gioco delle parti;* quando l'onore della moglie è offeso, l'amante vero, non il marito, si deve battere in duello (e magari morire) per difenderlo.

— *Enrico IV*; un giovane di nome Enrico, cada da cavallo durante una festa mascherata, batte il capo e diventa pazzo. Dal suo mondo di pazzia osserva ed analizza le passioni e i tradimenti di tutti quanti lo circondano.

Potremmo continuare con altri titoli pure celebri e pure artisticamente validi quali *La giara, L'uomo dal fiore in bocca, Uno nessuno centomila, Le lumie di Sicilia, Berretto a sonagli,* ma ci limitiamo solamente a spendere due parole per

— *Sei personaggi in cerca di autore,* proprio perché in questo testo con l'artifizio del "teatro nel teatro", rappresentando cioè una situazione essa stessa teatrale, Pirandello ha dato rilievo e spessore al suo gioco scenico. Qui il drammaturgo ci mostra tutto l'orrore di un mondo che crede di "fermarsi" in valori definiti ed invece è vittima di un divenire continuo, che cambia volti e nomi, che rende difficili gli stessi affetti, che fa dell'uomo un essere "alienato", incapace di ritrovare il suo centro di equilibrio.

EDUARDO DE FILIPPO
(Napoli 1900 - Roma 1984)

È il solo autore, dopo Pirandello, che parli all'Europa. Le sue commedie, scritte nella lingua di Napoli, sostiene il regista G. Strehler, non sono in dialetto, ma commedie dove il dialetto diventa lingua mediata, e quando vengono recitate, per esempio in inglese da Lawrence Olivier, stanno in piedi benissimo. Il teatro di Eduardo non è regionalista, ma universale.

Fra lacrime e risate l'autore e l'attore ha parlato di tutti noi.

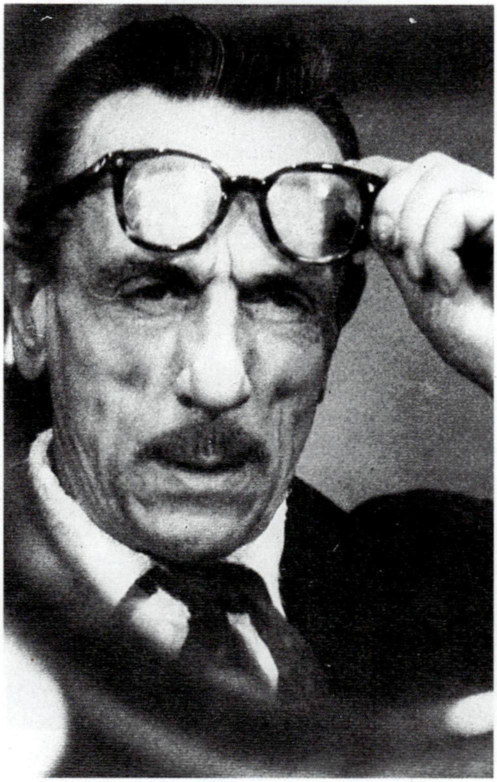

Eduardo. Una lezione all'Università.

Nasce a Napoli il 2 maggio 1900, muore a Roma il 31 ottobre 1984. *Napoli milionaria* (1945), *Questi fantasmi* (1946), *Filumena Marturano* (1946), *Le voci di dentro* (1948), *De Pretore Vincenzo* (1957), *Sabato, Domenica e Lunedì* (1959), *Gli esami non finiscono mai* (1973), sono solo alcuni titoli di opere di Eduardo.

L'ultima commedia che ha interpretato, l'ultima che lo ha visto in scena come attore, è stata la prima che aveva scritto: *Sik Sik, l'artefice magico.*

In questo titolo si compendia forse la vita e l'arte di Eduardo De Filippo.

Eduardo in scena.

IL TEATRO ITALIANO DEL NOVECENTO
(DAL VIDEOCORSO)

Luigi Pirandello (Agrigento 1867 – Roma 1936). È il più originale autore di teatro della prima metà del secolo ventesimo.
Si laurea a Bonn dove rimane ancora un anno come lettore di italiano.
Ha gravi problemi familiari per la malattia mentale della moglie.
Al teatro si avvicina molto tempo dopo la pubblicazione del suo romanzo migliore e più conosciuto: "Il fu Mattia Pascal" del 1904: è la storia di un uomo che se ne va dalla sua casa per contrasti con la moglie e suocera.
A Montecarlo vince molto denaro e comincia così una nuova vita meno difficile e dura della precedente.
Poi la pubblicazione delle 246 "Novelle per un anno".
Nel 1934 riceve il premio Nobel per la letteratura.
"I sei personaggi in cerca d'autore" sono considerati da G.B. Shaw il capolavoro teatrale del secolo.
L'"Enrico IV" (1922).
Le opere di Luigi Pirandello sono presenti nei teatri di tutto il mondo.

Eduardo De Filippo (Napoli 1900 – Roma 1984). È il solo autore, dopo Pirandello, che parli all'Europa.
Le sue commedie sono scritte nella lingua di Napoli.
Fra lacrime e risate, Eduardo, con profonda umanità, tocca e parla al cuore di ognuno.
Con la sorella Titina in "Napoli milionaria".
"Filumena Marturano".
"Le voci di dentro".
"Gli esami non finiscono mai". È la storia divertente e amara della vita di un uomo.
Eduardo, nel suo teatro, è l'erede dell'antica saggezza, insieme ironica e tenera, sofferta e distaccata, del popolo napoletano.

24. Questionario

1. Vari generi di spettacolo: cinema, televisione, sport, teatro. Le Sue preferenze.
2. Quasi un'inchiesta: numero dei teatri, numero e genere di spettacoli, preferenze del pubblico, presenze nei teatri della Sua città.
3. Incontro con un attore e con un regista.
4. Come e perché si diventa attori.

CONDIZIONALE

un'intervista

11

Un giornalista intervista alcuni ragazzi sui problemi del lavoro e dell'occupazione giovanile.

Giornalista:
Salve, ragazzi! *Potrei* farvi qualche domanda?

Ragazzi:
Prego, dica.

Giornalista:
Tu che fai? Sei uno studente?

Primo ragazzo:
Sì, frequento l'ultimo anno del liceo scientifico.

Giornalista:
Sei bravo?

Primo ragazzo:
Abbastanza.

Giornalista:
Quali programmi hai per il futuro?

Primo ragazzo:
Vorrei diventare medico.

Giornalista:
E tu cosa *vorresti* fare?

Secondo ragazzo:
Io non studio più. Ho frequentato fino alla terza media, poi ho smesso. Adesso lavoro in officina con mio padre.

Giornalista:
Come mai hai smesso di studiare?

Secondo ragazzo:
Mio padre avrebbe voluto vedermi all'università, ma io non avevo voglia di stare sopra i libri.

Giornalista:
E tu? Studi o lavori?

Terzo ragazzo:
Io frequento il terzo anno di ingegneria e mi *piacerebbe* diventare uno specialista in elettronica.

Giornalista:
Ma tu sai che in Italia ci sono tanti laureati senza lavoro? Quale *potrebbe* essere, secondo te, la soluzione del problema?

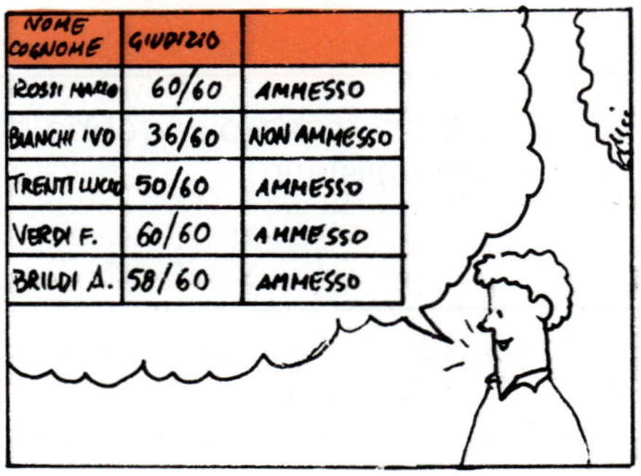

Terzo ragazzo:
Molti *dovrebbero* smettere di studiare e imparare un buon mestiere. Questa è la mia opinione; in ogni caso *sarebbe* necessaria un'attenta analisi del problema.

Primo ragazzo:
E Lei, cosa pensa di noi giovani?

Giornalista:
Vorrei solo avere la vostra età!

II COMPRENDERE

1. Scelta multipla

1. Il giornalista vorrebbe fare qualche	☐ osservazione ☐ richiesta ☐ domanda
2. Il primo ragazzo frequenta l'ultimo anno	☐ della scuola media inferiore ☐ del liceo scientifico ☐ della scuola elementare
3. Vorrebbe diventare	☐ avvocato ☐ medico ☐ architetto
4. Il secondo ragazzo	☐ ha continuato gli studi ☐ ha smesso gli studi ☐ ha finito gli studi
5. Lavora in	☐ ufficio ☐ fabbrica ☐ officina
6. Non aveva voglia di	☐ lavorare ☐ rispondere ☐ studiare
7. Il terzo ragazzo vorrebbe diventare specialista in	☐ informatica ☐ elettronica ☐ meccanica
8. Molti dovrebbero	☐ imparare un buon mestiere ☐ continuare a studiare ☐ smettere di lavorare
9. Per risolvere il problema sarebbe indispensabile	☐ un'analisi attenta ☐ un programma dettagliato ☐ un'indagine completa
10. Il giornalista vorrebbe avere	☐ trent'anni di meno ☐ venti chili di meno ☐ la loro età

la 1ª classe elementare

2. Questionario

1. Che cosa fa il giornalista?
2. Su quale argomento il giornalista fa l'intervista?
3. Quale scuola frequenta il primo ragazzo?
4. Quale anno frequenta?
5. Che cosa vorrebbe diventare?
6. Che cosa fa il secondo ragazzo?
7. Con chi e dove lavora?
8. Che cosa vorrebbe diventare il terzo ragazzo?
9. Che cosa dovrebbero fare tanti ragazzi, secondo lui?
10. Qual è il più grande desiderio del giornalista?

FISSARE LE STRUTTURE *(ORALE)*

3. Rispondere

1. Perché non studi? *(sono stanco)* — Studierei, ma sono stanco.
2. Perché non resti ancora? *(ho un appuntamento)* ____________
3. Perché non aspetti? *(ho fretta)* ____________
4. Perché non leggi? *(ho sonno)* ____________
5. Perché non scrivi? *(ho altro da fare)* ____________
6. Perché non parti? *(non sto bene)* ____________

4. Rispondere

1. Perché non studiate? *(siamo stanchi)* — Studieremmo, ma siamo stanchi.
2. Perché non restate ancora? *(abbiamo un appuntamento)* ____________
3. Perché non aspettate? *(abbiamo fretta)* ____________
4. Perché non leggete? *(abbiamo sonno)* ____________
5. Perché non partite? *(non stiamo bene)* ____________
6. Perché non uscite? *(piove)* ____________

5. Rispondere

1. Che fa tua figlia, non studia? *(non ha i libri)* — Studierebbe, ma non ha i libri.
2. Che fa tua figlia, non resta? *(ha un appuntamento)* ____________
3. Che fa tua figlia, non si riposa? *(ha molto da fare)* ____________
4. Che fa tua figlia, non si alza? *(ha troppo sonno)* ____________
5. Che fa tua figlia, non torna? *(c'è lo sciopero dei treni)* ____________
6. Che fa tua figlia, non telefona? *(ha pochi soldi)* ____________

6. Replicare

1. Io inviterei questa ragazza. — Ah sì, la inviteresti?
2. Io accompagnerei questa ragazza. ______
3. Io sposerei Francesca. ______
4. Io comprerei questa casa. ______
5. Io affitterei questa camera. ______
6. Io prenderei questa macchina. ______

7. Rispondere

1. Noi partiamo. Voi partireste con noi? — Sì, partiremmo volentieri con voi, ma non possiamo.
2. Noi restiamo. Voi restereste con noi? ______
3. Noi usciamo. Voi uscireste con noi? ______
4. Noi pranziamo. Voi pranzereste con noi? ______
5. Noi ritorniamo. Voi ritornereste con noi? ______
6. Noi aspettiamo. Voi aspettereste con noi? ______

8. Trasformare

1. Lui preferirebbe rimanere. — Loro preferirebbero rimanere.
2. Lui prenderebbe un aperitivo. ______
3. Lui tornerebbe con noi. ______
4. Lei cenerebbe con noi. ______
5. Lei continuerebbe a studiare. ______
6. Lei smetterebbe di studiare. ______

9. Rispondere

1. Quando potresti telefonare? *(stasera)* — Potrei telefonare stasera.
2. Quando dovresti partire? *(la prossima settimana)* ______
3. A che ora vorresti mangiare? *(alle tredici)* ______
4. Con chi verresti? *(con Gianni)* ______
5. Dove andresti? *(in campagna)* ______
6. Quanti giorni rimarresti? *(una settimana)* ______

i bidelli

10. Replicare

1. Ci vuole tempo. — Sì, avrei bisogno di tempo.
2. Ci vuole denaro. ______
3. Ci vuole riposo. ______
4. Ci vuole aiuto. ______
5. Ci vuole una mano. ______
6. Ci vuole un consiglio. ______

11. Rispondere

1. Un caffè? — Sì, avremmo voglia di un caffè.
2. Un tè? ______
3. Un gelato? ______
4. Un cappuccino? ______
5. Un'aranciata? ______
6. Un aperitivo? ______

12. Rispondere

1. Perché non hai mangiato? *(ma il frigo era vuoto)* – Avrei mangiato, ma il frigo era vuoto.
2. Perché non hai aspettato? *(era troppo tardi)* ______________________
3. Perché non hai pagato tu? *(avevo lasciato il portafoglio in ufficio)* ______________________
4. Perché non hai riposato un po'? *(c'era rumore in casa)* ______________________
5. Perché non sei uscito? *(pioveva)* – Sarei uscito, ma pioveva.
6. Perché non sei partito? *(non avevo prenotato la cuccetta)* ______________________
7. Perché non sei rimasta? *(avevo da fare)* ______________________
8. Perché non sei entrata? *(non volevo disturbare)* ______________________

13. Rispondere

1. Perché non hai comprato quel vaso? *(costava troppo)* – L'avrei comprato, ma costava troppo.
2. *Perché non hai invitato Lucio? (non sapevo che era ritornato)* ______________________
3. Perché non hai fatto l'esercizio? *(non avevo capito la spiegazione)* ______________________
4. Perché non hai preso un caffè? *(ero già abbastanza nervoso)* ______________________
5. Perché non ti sei alzata prima? *(avevo ancora sonno)* – Mi sarei alzata prima, ma avevo ancora sonno.
6. Perché non ti sei fermata ancora? *(dovevo andare via)* ______________________
7. Perché non ti sei preparata? *(non pensavo di uscire)* ______________________
8. Perché non ti sei alzata? *(non ho sentito la sveglia)* ______________________

II LAVORARE SUL TESTO

14. Completare (con il condizionale)

1. Salve ragazzi! __________ farvi qualche domanda?
2. Quali programmi hai per il futuro? – __________ diventare medico.
3. E tu cosa ______________ fare?
4. Mio padre ____________________ vedermi all'università, ma io non avevo voglia di stare sopra i libri.
5. Io frequento il terzo anno di ingegneria e mi _______________ diventare uno specialista in elettronica.
6. Quale _______________ essere, secondo te, la soluzione del problema?
7. Molti _______________ smettere di studiare.
8. Molti _______________ imparare un buon mestiere.
9. Questa è la mia opinione: in ogni caso _______________ necessaria un'attenta analisi del problema.
10. __________ solo avere la vostra età!

15. Completare (con le desinenze)

1. Un giornalist___ intervista alcun___ ragazz___ sui problem___ del lavor___ e dell'occupazion___ giovanil___.
2. Il prim___ ragazz___ frequenta l'ultim___ ann___ del lice___ scientific___.
3. Qual___ programm___ hai per il futur___?
4. Io non studio più. Ho frequentato fino all___ terz___ medi___, poi ho smesso. Adesso lavoro in officin___ con mi___ padr___.
5. Io frequento il terz___ ann___ di ingegneri___ e mi piacerebbe diventare un___ specialist___ in elettronic___.
6. Ma tu sai che in Itali___ ci sono tant___ laureat___ senza lavor___? Quale potrebbe essere, secondo te, l___ soluzion___ del problem___?
7. Quest___ è l___ mi___ opinion___: in ogn___ cas___ sarebbe necessari___ un'analis___ attent___ del problem___.
8. Vorrei solo avere la vostr___ et___!

l'ora di educazione fisica

16. Completare (con le preposizioni)

1. Un giornalista intervista alcuni ragazzi _____ problemi _____ lavoro e _____'occupazione.
2. Io frequento l'ultimo anno _____ liceo scientifico.
3. Quali programmi hai _____ il futuro?
4. Io non studio più. Ho frequentato fino _____ terza media, poi ho smesso. Adesso lavoro _____ officina _____ mio padre.
5. Come mai hai smesso _____ studiare?
6. Mio padre avrebbe voluto vedermi _____'università, ma io non avevo voglia _____ stare sopra i libri.
7. Io frequento il terzo anno _____ ingegneria e mi piacerebbe diventare uno specialista _____ elettronica.
8. Tu sai che _____ Italia ci sono tanti laureati senza lavoro?
9. Quale potrebbe essere, secondo te, la soluzione _____ problema?
10. Molti dovrebbero smettere _____ studiare.
11. In ogni caso sarebbe necessaria un'attenta analisi _____ problema.
12. E Lei, che pensa _____ noi giovani?

17. Riordinare le parole

1. intervista - sui - lavoro - occupazione - giornalista - ragazzi - del - dell' - Un - alcuni - problemi - e - giovanile.
2. essere, - la - problema? - potrebbe - secondo - soluzione - Quale - te, - del

18. Riordinare le parti di frase

1. vedermi all'università,
2. voglia di stare
3. avrebbe voluto
4. sopra i libri.
5. Mio padre
6. ma io non avevo

19. Combinare domanda e risposta

1. Potrei farvi qualche domanda?	— Abbastanza.
2. Sei uno studente?	— Vorrei diventare medico.
3. Sei bravo?	— Io frequento il terzo anno di ingegneria.
4. Quali programmi hai per il futuro?	— Prego, dica.
5. Tu studi o lavori?	— Sì, frequento l'ultimo anno del liceo scientifico.
6. E Lei, che pensa di noi giovani?	— Vorrei solo avere la vostra età!

20. Combinare le parti di frase

1. Il secondo ragazzo	ha smesso di ha cominciato a non aveva voglia	lavorare. studiare. di stare sopra i libri.
2. Il terzo ragazzo risponde che	molti dovrebbero molti dovrebbero sarebbe necessaria	un'analisi del problema. imparare un mestiere. smettere di studiare.

il compito in classe

21. Fare la domanda

1. Chi intervista il giornalista? — Intervista alcuni ragazzi.
2. ______________________? — Sui problemi del lavoro.
3. ______________________? — L'ultimo anno del liceo scientifico.
4. ______________________? — Vorrebbe diventare medico.
5. ______________________? — Ha smesso di studiare, perché non aveva voglia di stare sopra i libri.
6. ______________________? — Gli piacerebbe diventare specialista in elettronica.

CONDIZIONALE SEMPLICE dei verbi regolari e di alcuni irregolari

(.. are)	telefone–		a casa	
(.. ere)	scrive–		a Lorenzo	
(.. ire)	parti–		per l'America	
(essere)	sa–	**– rei**	a casa presto	
(avere)	av–		voglia di dormire	
(vedere)	ved–		un bel film	
(dovere)	dov–	**– resti**	partire	
(volere)	vor–		andare in ferie	
(andare)	and–		via	
(venire)	ver–	**– rebbe**	qui	
(rimanere)	rimar–		in città	ma non è possibile
(bere)	ber–		vino nero	
(dare)	da–		una festa	
(fare)	fa–	**– remmo**	una passeggiata	
(stare)	sta–		insieme a Lisa	
(dire)	di–		la verità	
(tenere)	ter–	**– reste**	una conferenza	
(tradurre)	tradur–		la lettera in inglese	
(porre)	por–		tutto in ordine	
(mangiare)	mange–	**– rebbero**	una pizza	
(cominciare)	comince–		subito	
(pagare)	paghe–		in contanti	
(dimenticare)	dimentiche–		tutto	

11

CONDIZIONALE COMPOSTO

Ieri	**avrei studiato** volentieri, ma stavo male **avrebbe dovuto telefonarmi**, ma si è dimenticato/a
	sarei partito/a, ma c'era lo sciopero dei treni **sarebbe uscito/a**, ma pioveva

Uso prevalente del condizionale

- **desiderio** (Vorrei girare il mondo).
- **richiesta** (Salve ragazzi, potrei farvi qualche domanda?).
- **dubbio** (Stasera potrei venire da te, ma non sono sicuro).
- **opinione personale** (Direi che sarebbe consigliabile rimandare a domani la partenza).
- **incertezza o probabilità nel riferire notizie non confermate,** tipico nello stile giornalistico (Il Primo Ministro non era presente alla cerimonia perché, secondo i bene informati, sarebbe ammalato, avrebbe disturbi cardiaci).

VOLERCI = essere necessario

Ci	**vuole** **vorrà** **vorrebbe**		molto denaro per studiare all'estero un'ora per finire tutto
	sarebbe	**voluto**	molto denaro per studiare all'estero
	è	**voluta**	un'ora per risolvere il problema
	vogliono **vorranno** **vorrebbero**		molti soldi per fare il giro del mondo due ore per risolvere questo problema
	sarebbero	**voluti**	molti soldi per fare il giro del mondo
	sono	**volute**	due ore per risolvere questo problema

NOMI IN – **ista**

Quest**o**	pian**ista** art**ista** giornal**ista**	è	bravo
Quest**a**	pian**ista** art**ista** giornal**ista**	è	brava

⇨

Quest**i**	pian**isti** art**isti** giornal**isti**	sono	bravi
Quest**e**	pian**iste** art**iste** giornal**iste**	sono	brave

NOMI MASCHILI IN – **a**

Quest**o** problem**a** è molto difficile	Quest**i** problem**i** sono molto difficili
Quest**o** tem**a** è proprio interessante	Quest**i** tem**i** sono proprio interessanti
Quest**o** panoram**a** è stupendo	Quest**i** panoram**i** sono stupendi
Non mi piace quest**o** sistem**a** politico	Non mi piacciono quest**i** sistem**i** politici
Hai ricevuto il nostr**o** telegramm**a**?	Hai ricevuto i nostr**i** telegramm**i**?
Dobbiamo rispettare **il** programm**a**	Dobbiamo rispettare **i** programm**i**
Dante è **il** più grande poet**a** italiano	Dante e Petrarca sono **i** più grandi poet**i** italiani
Il Pap**a** risiede a Roma	**I** Pap**i** risiedono a Roma

11 OCCHIO ALLA LINGUA!

LESSICO

1. – Che sai di Antonio?
   – Adesso lavora con suo padre in officina; è serio, preciso. È diventato davvero *un bravo ragazzo*.
2. – *Come mai* hai deciso di smettere di studiare?
   – Ho smesso di studiare, *perché* non avevo voglia di stare sopra i libri.
3. – A che ora *avete smesso di* giocare a poker?
   – Smesso? *Abbiamo continuato a* giocare fino alle quattro.
4. – Sai che Roberto ha vinto una somma favolosa alla lotteria?
   – Ah sì? *Beato lui!!*
5. – Sei *bravo in* matematica?
   – Abbastanza.

1. — I *bravi artigiani* sono ormai vecchi e *smettono* l'attività. *I figli*, purtroppo, non *continuano il* loro *mestiere*.
2. — Oggi le botteghe del *fabbro*, del *falegname*, del *calzolaio*, sono quasi scomparse.
3. — È *un bravo professionista*, ma è *molto caro*, guadagna un sacco di soldi.
   — *Beato lui*!
4. — Che *ne pensi* di queste professioni: ingegnere, architetto, medico, commercialista?
   — Sono professioni *d'oro*.

FUNZIONI	ATTI COMUNICATIVI
Dare la parola	— Prego! — Dica pure! — Dica!
Precisare, spiegarsi	— Cioè... — Voglio dire... — Vale a dire... — Mi spiego...
Assicurarsi che ci si è spiegati	— Mi spiego? — È chiaro? — Capito? — Sono stato chiaro?
Desiderio	— Vorrei... — Mi piacerebbe...

Dettare il testo che segue

Un'intervista

Un giornalista intervista alcuni ragazzi sui problemi del lavoro e dell'occupazione giovanile.

Il primo intervistato frequenta l'ultimo anno del liceo scientifico. È abbastanza bravo e dice che vorrebbe diventare medico.

Il secondo, invece, non studia più ed ha cominciato a lavorare con suo padre in officina. Il padre avrebbe desiderato per lui una laurea in medicina, ma il figlio non aveva voglia di studiare.

L'ultimo ragazzo è all'università e vorrebbe diventare ingegnere elettronico. All'osservazione del giornalista che in Italia ci sono tanti laureati disoccupati, risponde che molti dovrebbero smettere di studiare e imparare un mestiere, che sarebbe necessario istituire "il numero chiuso" all'università e che sarebbe opportuna un'attenta analisi del problema.

Il giornalista ha un solo desiderio: vorrebbe essere giovane come loro!

22 Leggere attentamente il testo che precede e ripetere a libro chiuso

23 Completare liberamente le frasi

1. Un giornalista intervista alcune persone su ____________________
2. Marco frequenta ____________________
3. Vorrebbe diventare ____________________
4. Il padre avrebbe desiderato per il figlio ____________________
5. Il figlio non aveva voglia di ____________________
6. Molti ragazzi dovrebbero smettere di ____________________
7. Sarebbe necessario ____________________
8. Sarebbe opportuna una ____________________

24. Domande personalizzate

1. Ha mai avuto qualche intervista da giornalisti della radio, o della televisione? Racconti.
2. Quali scuole ha frequentato?
3. Che cosa vorrebbe fare nella vita, in futuro?
4. Dove vorrebbe essere in questo momento?
5. Con chi vorrebbe essere ora?
6. Che cosa vorrebbe fare ora?

25 Per la composizione scritta

1. Spesso mi sorprendo a sognare ad occhi aperti ... Vorrei ...
2. Scriva il dialogo con la commessa del negozio di abbigliamento. (Desidera comprare un vestito e chiede notizie su modello, colore, materiale, prezzo e ... eventuale sconto).

il preside

LA SCUOLA

"La scuola è aperta a tutti. L'istruzione inferiore, impartita per almeno otto anni, è obbligatoria e gratuita.

I capaci e meritevoli, anche se privi di mezzi, hanno diritto di raggiungere i più alti gradi degli studi..." È l'articolo 34 della Costituzione Italiana.

Anche la scuola è un *servizio pubblico* ed è uno dei più importanti. Nel bilancio dello Stato Italiano infatti la spesa per l'istruzione pubblica è al primo posto.

In ipotesi ed anche su un piano pratico, il curriculum scolastico completo di un cittadino italiano potrebbe cominciare a tre anni con la scuola materna e concludersi con una laurea a venticinque. E tutto questo a spese dello Stato.

Se vogliamo dare uno schema generale dell'*istruzione* in Italia, potremmo indicare questi momenti principali:

- *Scuola Materna* (dai tre ai sei anni) con 1.700.000 alunni circa;
- *Scuola Elementare* (dai sei agli undici anni) con 4.300.000 alunni circa;
- *Scuola Media* (dagli undici anni ai quattoridici anni) con 2.800.000 alunni circa:
- *Scuola Secondaria Superiore* (da quattordici ai diciannove anni) con due milioni e mezzo di studenti circa.
- *Istruzione Universitaria* (dai diciannove anni alla laurea) con oltre un milione di studenti.

All'ingresso della scuola.

Per quanto riguarda l'istruzione universitaria sarebbe bene ricordare che in Italia non è previsto il "numero chiuso" per nessuna facoltà. Ognuno è libero di iscriversi al corso di laurea che preferisce, senza alcuna limitazione. E la durata dei medesimi corsi varia dai quattro anni per alcune lauree (Lettere, Lingue, Economia e Commercio, ecc.) ai sei di altre (Medicina, Ingegneria, ecc.).

La Scuola Secondaria Superiore, sempre della durata di cinque anni, è riformata su nuove basi e nuovi principi.

Il primo e il secondo anno favoriscono l'orientamento e dovrebbero permettere agli studenti la scelta giusta della propria specializzazione.

I tre anni successivi dovrebbero consentire la formazione culturale, la preparazione professionale di base, e l'iscrizione all'università.

Per un quadro riassuntivo della nuova struttura della Scuola Secondaria Superiore proponiamo il seguente schema, con quattro settori di base.

Artistico	**Linguistico Letterario Storico Filosofico**	**Scienze umane e sociali**	**Naturalistico Matematico Tecnologico**
↓	↓	↓	↓
Arti visive e figurative	Classico	Giuridico-economico	Agrario
Musicale	Moderno	Psicopedagogico	Biotecnologico-sanitario
		Turistico	Chimico-fisico
			Elettrotecnico-elettronico
			Matematico-naturalistico
			Meccanico
			Scienze dell'informazione
			Scienze del territorio
			Trasporti

L'informatica a scuola.

In classe durante la lezione.

Per un rapido confronto, vediamo come sono organizzate alcune Scuole Superiori Secondarie all'estero.

BELGIO: un biennio comune, un secondo biennio con settori (generale, tecnico, professionale, artistico) e un terzo biennio (per coloro che andranno all'università diviso da quello per coloro che entreranno subito nel mondo del lavoro).

DANIMARCA: dopo le medie inferiori è possibile scegliere tra indirizzo generale e quello professionale: nel primo caso si passa poi ad un liceo triennale; nel secondo caso c'è un biennio di preparazione agli studi superiori.

FRANCIA: dopo la scuola di base ci sono tre tipi di insegnamento della durata di quattro anni secondo tre indirizzi: umanistico, scientifico, professionale. C'è poi un corso triennale di formazione generale.

GERMANIA: pure con differenze tra Regione e Regione, l'organizzazione scolastica prevede tre bienni per alunni dai 10 ai 16 anni: il primo di cultura generale, il secondo di orientamento, il terzo specialistico.

INGHILTERRA: con una recente riforma è istituita una "scuola comprensiva", uguale per tutti, che comprende una larga scelta di indirizzi di studio.

U.S.A.: ci sono differenze tra Stato e Stato, ma il sistema scolastico, per gli alunni dai 14 ai 18 anni, ha come base l'High School, dove gli studenti vanno avanti per "credits": chi non ha crediti sufficienti per proseguire il corso, cioè per passare all'anno successivo, deve frequentare lezioni di recupero durante l'estate.

LA SCUOLA (DAL VIDEOCORSO)

"La scuola è aperta a tutti. L'istruzione inferiore, impartita per almeno otto anni, è obbligatoria e gratuita. I capaci e meritevoli, anche se privi di mezzi, hanno diritto di raggiungere i gradi più alti degli studi".
È l'articolo 34 della Costituzione della Repubblica Italiana.
Anche la scuola è un "servizio pubblico" ed è uno dei più importanti.
Nel bilancio economico dello Stato italiano, infatti, la spesa per la scuola è al primo posto: più di 32.000 miliardi.
30.000 miliardi la spesa per il personale insegnante.
Per ogni studente lo Stato spende circa 500.000 lire all'anno.
In ipotesi, il curriculum scolastico completo di un italiano potrebbe cominciare a tre anni con la scuola materna e finire con la laurea a venticinque.
E tutto questo a spese dello Stato.
Se vogliamo dare uno schema generale dell'istruzione italiana, potremmo indicare questi momenti:

- SCUOLA MATERNA: dai tre ai sei anni, con 1.700.000 alunni circa.
Questa è una scuola con metodo "Montessori": il mondo esterno è adatto all'età e alla statura dei piccoli, un mondo in cui i bambini imparano a "fare" come gli adulti.
- SCUOLA ELEMENTARE: dai sei agli undici anni, con 4 milioni circa di alunni; si lavora, si insegna e si impara con metodi moderni e aggiornati. È ormai comune la presenza del computer.
- SCUOLA MEDIA: dagli undici ai quattordici anni, con 2.800.000 allievi circa. Italiano, storia, geografia, scienze naturali, lingua straniera, educazione artistica, educazione fisica ed altre discipline.
- SCUOLA SECONDARIA SUPERIORE: dai quattordici ai diciannove anni, con due milioni e mezzo di studenti. Ha molti indirizzi: indirizzo tecnico, classico, scientifico, artistico, linguistico, tecnologico, professionale.
- ISTRUZIONE UNIVERSITARIA: dai diciannove anni alla laurea, con più di un milione di studenti. Tempo dedicato allo studio e tempo dedicato alla ricerca.

26. Questionario

1. Quale articolo della Costituzione Italiana parla della scuola?
2. Spieghi il significato di questa affermazione: La scuola è aperta a tutti.
3. Quanti sono gli anni dell'obbligo scolastico in Italia?
4. Come può lo Stato aiutare e favorire l'istruzione dei capaci e meritevoli, anche se poveri? (Borse di studio, vitto, alloggio, libri, esonero dalle tasse, ecc.).
5. Quale è lo schema generale dell'istruzione in Italia?
6. Quale è la durata di un curriculum scolastico completo in Italia?
7. Conosce l'ordinamento scolastico di altri Paesi?
8. Riprenda le precedenti domande dal numero 3 al numero 6, le riferisca al Suo Paese e risponda.

PRONOMI INDIRETTI - PRONOMI ACCOPPIATI

un favore

12 Rodolfo deve portare la famiglia al mare. Ma la sua macchina è rotta ...

Rodolfo:
Ciao, Carlo. *Mi* faresti un favore?

Carlo:
Se posso, volentieri.

Rodolfo:
Devo andare a Rimini per accompagnare la famiglia al mare. *Mi* presteresti la tua macchina? La mia è rotta.

Carlo:
Certo che *te la* presto. Ma quando *ti* serve?

Rodolfo:
Mi servirebbe domenica, se non è troppo disturbo per te.

Carlo:
Mi dispiace, ma domenica serve *a me*. Posso dar*tela* sabato se *ti* va bene.

Rodolfo:
Sì, anche sabato *mi* va bene. Partiamo subito dopo pranzo e io sarò di ritorno la sera tardi.

(Un'ora dopo, a casa, Carlo parla con Cecilia, sua moglie)

Cecilia:
È un mese che i ragazzi non vedono la nonna. Sabato mattina *ci* piacerebbe andare a trovarla. *Ci* occorrerebbe la macchina.

Carlo:
Impossibile. Sabato non *vi* posso dare la macchina: la presto a Rodolfo.

Cecilia:
A chi la presti? A Rodolfo?

Carlo:
Sì, *a lui*: perché?

Cecilia:
Ma Rodolfo è imprudente! Guida come un pazzo!

Carlo:
Gliela presto perché è un amico e non posso dir*gli* di no. Devo prestar*gliela*.

Cecilia:
Fai come *ti* pare. Ma sei sicuro che *te la* riporterà tutta intera?

12 COMPRENDERE

1. Scelta multipla

1. Rodolfo chiede a Carlo la macchina
   - ☐ in affitto
   - ☐ in prestito
   - ☐ in vendita

2. Deve andare a Rimini per
   - ☐ accompagnare la famiglia
   - ☐ concludere un affare
   - ☐ comprare un appartamento

3. La sua macchina
   - ☐ ha una gomma a terra
   - ☐ è senza benzina
   - ☐ è rotta

4. Rodolfo partirà
   - ☐ dopo pranzo
   - ☐ prima di cena
   - ☐ alle undici

5. Rodolfo sarà di ritorno
   - ☐ sabato pomeriggio
   - ☐ sabato sera
   - ☐ sabato notte

6. Cecilia e i ragazzi andranno a trovare
   - ☐ la nonna
   - ☐ la zia
   - ☐ la cognata

7. Cecilia e i ragazzi non vedono la nonna
   - ☐ da una settimana
   - ☐ da un mese
   - ☐ da un anno

8. Rodolfo guida come
   - ☐ un professionista
   - ☐ un pazzo
   - ☐ un principiante

2. Vero o Falso?

	V	F
1. Rodolfo deve andare al lago.	☐	☐
2. Chiede a Carlo un favore.	☐	☐
3. La macchina di Rodolfo è rotta.	☐	☐
4. A Rodolfo la macchina serve domenica.	☐	☐
5. Rodolfo partirà sabato mattina.	☐	☐
6. Rodolfo è imprudente.	☐	☐
7. Carlo è un parente di Rodolfo.	☐	☐

il meccanico

3. Questionario

1. Che cosa deve fare Rodolfo?
2. A chi chiede un favore?
3. Che cosa chiede a Carlo?
4. Perché deve chiedergli questo favore?
5. Quando gli servirà la macchina?
6. Quando servirà la macchina a Carlo?
7. Quando ritornerà Rodolfo?
8. Che cosa chiede Cecilia al marito?
9. Da quanto tempo Cecilia non vede la madre?
10. Perché Cecilia non vorrebbe prestare la macchina a Rodolfo?

4. Rispondere

1. Quando telefonerai a Cecilia? — Le telefonerò appena possibile.
2. Quando scriverai a tua madre? ____________________
3. Quando risponderai alla tua amica? ____________________
4. Quando parlerai alla segretaria? ____________________
5. Che cosa comprerai a tua figlia? — Le comprerò la bicicletta.
6. Che cosa regalerai a Claudia? ____________________
7. Che cosa darai a Lucia? ____________________
8. Che cosa presterai alla ragazza? ____________________

5. Rispondere

1. Quando telefonerai a Rodolfo? — Gli telefonerò appena possibile.
2. Quando scriverai a tuo padre? ____________________
3. Quando risponderai al tuo amico? ____________________
4. Quando parlerai al direttore? ____________________
5. Che cosa comprerai a tuo figlio? — Gli comprerò la bicicletta.
6. Che cosa regalerai a Claudio? ____________________
7. Che cosa darai a Lucio? ____________________
8. Che cosa presterai al ragazzo? ____________________

6. Rispondere

1. Mi presti la macchina o la moto? *(la macchina)* — Ti presto la macchina.
2. Mi dai l'indirizzo o il numero di telefono? *(l'indirizzo)* ____________________
3. Mi dici la verità o una bugia? *(la verità)* ____________________
4. Mi fai vedere le fotografie o le diapositive? *(le fotografie)* ____________________
5. Mi consegni il passaporto o la carta di identità? *(il passaporto)* ____________________
6. Mi consigli la macchina o il treno? *(la macchina)* ____________________

7. Rispondere

1. Che cosa ci manderete per Natale? *(una cassetta di vini)* — Vi manderemo una cassetta di vini.
2. Che cosa ci porterete dall'estero? *(prodotti tipici)* ______
3. Che cosa ci insegnerete oggi? *(a giocare a carte)* ______
4. Che cosa ci cucinerete? *(del pesce)* ______
5. Che cosa ci risponderete? *(di sì)* ______
6. Che cosa ci offrirete? *(un gelato)* ______

8. Rispondere

1. Che cosa mi manderà? *(un regalo)* — Le manderò un regalo.
2. Che cosa mi spedirà? *(una cartolina)* ______
3. Che cosa mi invierà? *(un pacchetto di sigari)* ______
4. Che cosa mi porterà? *(un tappeto)* ______
5. Che cosa mi regalerà? *(una pipa)* ______
6. Che cosa mi offrirà? *(una cena)* ______

9. Rispondere

1. Che cosa mi manderai? *(un regalo)* — Ti manderò un regalo.
2. Che cosa mi spedirai? *(una cartolina)* ______
3. Che cosa mi invierai? *(un pacchetto di sigari)* ______
4. Che cosa mi porterai? *(un tappeto)* ______
5. Che cosa mi regalerai? *(una pipa)* ______
6. Che cosa mi offrirai? *(una cena)* ______

10. Rispondere

1. Che cosa hai chiesto ai Rossi? *(la macchina da scrivere)* — Gli ho chiesto la macchina da scrivere. (Ho chiesto loro la macchina da scrivere)
2. Che cosa hai offerto agli ospiti? *(da bere)* __________
3. Che cosa hai detto agli amici? *(di aspettare)* __________
4. Che cosa hai suggerito alle ragazze? *(di preparare un dolce)* __________
5. Che cosa hai regalato alle ragazze? *(dei cioccolatini)* __________
6. Che cosa hai consigliato alle ragazze? *(di presentare la domanda)* __________

11. Rispondere

1. Ti piace viaggiare? — Sì, mi piace.
2. Ti serve la macchina? __________
3. Ti occorre un dizionario? __________
4. Ti è necessario il passaporto? __________
5. Ti manca il denaro? __________
6. Ti va bene partire oggi? __________

il carro-attrezzi

il carrozziere

12. Rispondere

1. Vi piacciono questi fiori? — Sì, ci piacciono.
2. Vi servono questi libri? __________
3. Vi occorrono delle indicazioni? __________
4. Vi sono necessari i passaporti? __________
5. Vi mancano i soldi? __________
6. Vi vanno bene questi giorni di vacanza? __________

13. Rispondere

1. Le è piaciuto lo spettacolo? — Sì, mi è piaciuto.
2. Le è piaciuto il viaggio? __________
3. Le è piaciuto il regalo? __________
4. Le è piaciuta la visita al museo? — Sì, mi è piaciuta.
5. Le è piaciuta Roma? __________
6. Le è piaciuta la commedia? __________

14. Rispondere

1. Vi sono piaciuti i miei quadri? — Sì, ci sono piaciuti.
2. Vi sono piaciuti gli spaghetti? ______________________
3. Vi sono piaciuti quei vini? ______________________
4. Vi sono piaciute le fotografie? — No, non ci sono piaciute.
5. Vi sono piaciute le diapositive? ______________________
6. Vi sono piaciute le riviste? ______________________

15. Rispondere

1. Quando mi riporterai il libro? — Te lo riporterò domani.
2. Quando mi restituirai il denaro? ______________________
3. Quando mi consegnerai il lavoro? ______________________
4. Quando ci riporterai il libro? — Ve lo riporterò domani.
5. Quando ci restituirai il denaro? ______________________
6. Quando ci consegnerai il lavoro? ______________________

16. Rispondere

1. Quei giornali, quando me li riporti? — Te li riporto domani.
2. Quei dischi, quando me li restituisci? ______________________
3. Quei documenti, quando me li consegni? ______________________
4. Quei giornali, quando ce li riporti? — Ve li riporto domani.
5. Quei dischi, quando ce li restituisci? ______________________
6. Quei documenti, quando ce li consegni? ______________________

17. Rispondere

1. Quando riporti il disco a Mario? — Glielo riporto stasera.
2. Quando riporti il disco a Cecilia? ______________________
3. Quando riporti il disco ai ragazzi? ______________________
4. Quando riporti il disco alle ragazze? ______________________
5. Quando riporti la macchina a Carlo? — Gliela riporto stasera.
6. Quando riporti la macchina a Cecilia? ______________________
7. Quando riporti la macchina ai ragazzi? ______________________
8. Quando riporti la macchina alle ragazze? ______________________

il gommista

18. Replicare

1. Belli questi fiori! *(preparo un mazzo)* — Se Le piacciono, Gliene preparo un mazzo.
2. Belli questi francobolli! *(regalo alcuni)* ______________________
3. Splendide queste diapositive! *(mostro altre)* ______________________
4. Belle queste rose! *(colgo un paio)* ______________________
5. Belli questi quadri! *(mostro altri)* ______________________
6. Carine quelle ragazze! *(presento alcune)* ______________________

19. Rispondere

1. Mi rendi quelle riviste? — Scusami, ma ancora non posso rendertele.
2. Mi consegni le chiavi? ______________________
3. Mi dici quelle cose? ______________________
4. Mi presti quei dischi? — Scusami, ma ancora non posso prestarteli.
5. Mi dai quegli indirizzi? ______________________
6. Mi prepari quegli esercizi? ______________________

20. Rispondere

1. Quando devi restituire la macchina a Carlo? — Devo restituirgliela quanto prima.
2. Quando devi riconsegnare la camera alla padrona di casa? ______________________
3. Quando devi lasciare la tua macchina al meccanico? ______________________
4. Quando devi portare le domande alla segretaria? — Devo portargliele quanto prima.
5. Quando devi consegnare le chiavi al portiere? ______________________
6. Quando devi regalare quelle bottiglie ai signori Rossi? ______________________

21. Completare (con i pronomi)

1. Ciao, Carlo. __________ faresti un favore?
2. Devo andare a Rimini per accompagnare la famiglia al mare. __________ presteresti la tua macchina?
3. Certo che __________ __________ presto. Ma quando __________ serve?
4. __________ servirebbe domenica, se non è troppo disturbo per __________.
5. __________ dispiace, ma domenica serve a __________. Posso dar__________ sabato, se __________ va bene.
6. Sì, anche sabato __________ va bene.
7. È un mese che i ragazzi non vedono la nonna. Sabato mattina __________ piacerebbe andare a trovar__________: __________ occorrerebbe la macchina.
8. Impossibile. Sabato non __________ posso dare la macchina: __________ presto a Rodolfo.
9. A chi __________presti? A Rodolfo?
10. Sì, a __________: perché?
11. __________ presto perché è un amico e non posso dir__________ di no. Devo prestar__________.
12. Fai come __________ pare. Ma sei sicuro che __________ __________ riporterà tutta intera?

22. Completare (con i verbi)

1. Rodolfo __________ portare la famiglia al mare. Ma la sua macchina __________ rotta.
2. Ciao, Carlo. Mi __________ un favore?
3. Se __________, volentieri.
4. __________ andare a Rimini per accompagnare la famiglia al mare. Mi __________ la tua macchina? La mia __________ rotta.
5. Certo che te la __________. Ma quando ti __________?
6. Mi __________ domenica, se non __________ troppo disturbo per te.
7. Mi __________, ma domenica __________ a me. __________ dartela sabato, se ti __________ bene.
8. Sì, anche sabato mi __________ bene. __________ subito dopo pranzo e io __________ di ritorno la sera tardi.
9. Sabato mattina ci __________ andare a trovare la nonna. Ci __________ la macchina.
10. Gliela __________ perché è un amico e non posso __________gli di no.

23. Completare (con i verbi e i pronomi)

1. È un mese che i ragazzi non vedono la nonna. Sabato mattina ________ ______________ andare a ______________. ___ ______________ la macchina.
2. Impossibile. Sabato non ___________ ___________ dare la macchina: ________ ___________ a Rodolfo.
3. A chi ___________ ___________? A Rodolfo?
4. ___________ ___________ perché è un amico e non posso __________ di no. Devo _______________.
5. Fai come ___________ ___________. Ma sei sicuro che ___________ ________ ___________ tutta intera?

24. Completare (con le preposizioni)

1. Rodolfo deve portare la famiglia ___________ mare.
2. Devo andare ___________ Rimini ___________ accompagnare la famiglia ___________ mare.
3. Mi servirebbe domenica, se non è troppo disturbo ___________ te.
4. Mi dispiace, ma domenica serve ___________ me.
5. Partiamo subito dopo pranzo e io sarò ___________ ritorno la sera tardi.
6. (Un'ora dopo, ___________ casa, Carlo parla ___________ Cecilia, sua moglie).
7. ___________ chi la presti? ___________ Rodolfo?

25. Completare

1. Rodolfo deve ______________________________
2. Cia,Carlo. ______________________________
3. Mi servirebbe domenica, ______________________________
4. Posso dartela sabato, ______________________________
5. Partiamo subito dopo pranzo e ______________________________
6. Sabato mattina ______________________________
7. Impossibile. Sabato ______________________________
8. Fai come ti pare, ma ______________________________

26. Riordinare le parole

1. portare - al - la - è - deve - famiglia - Ma - macchina - Rodolfo - la - mare. - sua - rotta ...
2. mese - non - nonna. - un - ragazzi - la - È - che - i - vedono

27. Riordinare le parti di frase

1. È
2. i ragazzi
3. un mese
4. non vedono la nonna.
5. che
6. andare
7. Sabato mattina
8. ci piacerebbe
9. a trovarla.

lo sfasciacarrozze

l'incidente

28. Combinare domanda e risposta

1. Mi faresti un favore?	– Mi servirebbe domenica.
2. Mi presteresti la tua macchina?	– A Rodolfo.
3. Ma quando ti serve?	– Se posso, volentieri.
4. A chi presti la macchina?	– Certo che te la presto.

29. Fare la domanda

1. Chi deve accompagnare Rodolfo?	– Deve accompagnare la famiglia.
2. ______________________ ?	– Deve accompagnarla al mare.
3. ______________________ ?	– È dal meccanico: è rotta.
4. ______________________ ?	– Certo che te la presto!
5. ______________________ ?	– Subito dopo pranzo.
6. ______________________ ?	– Gliela riporterà sabato notte.
7. ______________________ ?	– Cecilia gli chiede di lasciarle la macchina.
8. ______________________ ?	– Guida come un pazzo.

PRONOMI INDIRETTI DATIVI (deboli o atoni)

		scrive	una lettera
		manda invia spedisce	un pacco
	mi	dà passa porta	la posta
	ti/Le	presta rende restituisce	la macchina i soldi
		consegna	le chiavi
		regala	un accendino
	gli	mostra fa vedere	le foto
		dice racconta	quello che ha fatto
Carlo	**le**	insegna	a suonare il piano l'italiano
		fa chiede domanda	un favore una cortesia
	ci	indica	la strada più breve
		offre	qualcosa da bere
		dice risponde	di sì sempre di no
	vi	promette consiglia	di studiare
		augura	la buona notte di fare un buon viaggio
	gli (1)	permette proibisce vieta	di fumare tutto
		comanda ordina raccomanda	di smettere di fumare

(1) Oltre alla forma oggi diffusa *"Carlo gli scrive una lettera"*, è grammaticalmente corretta quella *"Carlo* ***scrive loro*** *una lettera"*; e accanto alla forma *"Carlo vi scriverà una lettera"* è corretta e più formale *"Carlo* ***scriverà Loro*** *una lettera"*

PIACERE

(Non)	mi ti/Le gli le ci vi gli	**piace**		l'Italia la musica (di) viaggiare
		piacciono		le persone allegre i fiori i dolci
		è	**piaciuto**	lo spettacolo
			piaciuta	la visita al museo
		sono	**piaciuti**	quei fiori
			piaciute	quelle rose

DISPIACERE = RINCRESCERE

(Non)	mi ti/Le gli le ci vi gli	**dispiace**		(di) partire
		è	**dispiaciuto**	
		rincresce		
		è	**rincresciuto**	

PRONOMI INDIRETTI DATIVI (forti o tonici)

A chi	serve la macchina domenica?	Serve	**a me**.
	pensi?	Penso	**a te/a Lei**.
	presti la moto? A Rodolfo?	Sì, la presto	**a lui**.
	regali queste rose? A Roberta?	Sì, le regalo	**a lei**.
	piacciono le fragole?	Piacciono	**a noi**.
	hai detto quelle parole?	Le ho dette	**a voi**.
	avete consegnato i libri? Agli studenti?	Sì, li abbiamo consegnati	**a loro**.

PRONOMI DIRETTI E INDIRETTI ACCOPPIATI

A

mi	+	lo	⇨	**me**	**lo**
ti		la		**te**	**la**
ci		li		**ce**	**li**
vi		le		**ve**	**le**
		ne			**ne**

B

gli	+	lo	⇨	**glielo**
le		la		**gliela**
Le		li		**glieli**
		le		**gliele**
		ne		**gliene**

C

loro	+	lo	⇨	**lo...loro/Loro**
Loro		la		**la...loro/Loro**
		li		**li...loro/Loro**
		le		**le...loro/Loro**
		ne		**ne...loro/Loro**

A

Carlo	mi	presta	il vocabolario,	**me lo**	porta domani
	ti		gli sci,	**te li**	
	ci		la macchina da scrivere,	**ce la**	
	vi		le racchette da tennis,	**ve le**	
	ci		i dischi,	**ce ne**	presta alcuni nuovissimi

B

Mario	gli	regala un libro,	**glielo**	compra stasera
	Le	porterà la collana,	**gliela**	porterà stasera
	le	regalerà dei fiori,	**glieli**	manderà a casa

C

Questo	è	il programma	per i turisti svizzeri,	**lo** consegnerò **loro**	a cena
Questa		la stanza	per Loro, signori;	**la** preparerò **Loro**	per mezzogiorno

12 OCCHIO ALLA LINGUA!

LESSICO

1. — Posso entrare? Disturbo?
   — Ti prego, entra, *tu non disturbi* mai.
2. — Non puoi smettere di fumare?
   — Scusa, smetto subito se il fumo ti *disturba*.
3. — Ti *dispiace* passarmi il sale?
   — Non mi *dispiace* affatto. Eccoti il sale.
4. — Le *dispiacerebbe* chiudere la finestra?
   — La chiudo subito, signora.
5. — È un mese che non vediamo la nonna.
   — *Andiamo a trovarla* domenica?
8. — Ti *piace* quella ragazza?
   — No, *non* mi piace.

1. — *Ti dispiace* se mi fermo *al distributore*? Devo *far benzina*.
2. — *Le dispiacerebbe* controllare *la pressione delle gomme* e *il livello dell'olio*?
3. — *Ti piace* questa macchina?
   — Sì, ma *consuma* troppo.
4. — Potrebbe dare *una pulita al parabrezza*?
5. — Io darei anche *un'occhiata alla batteria*, ma se non vuoi, *fai come ti pare*.

FUNZIONI	ATTI COMUNICATIVI
Chiedere un piacere	— Ciao, Carlo, mi faresti un piacere? puoi farmi un piacere? me lo fai un piacere?
Risposta alla richiesta	— Certo! — Volentieri! — Se posso, volentieri! — Come no?! — Perché no?
Possibilità	— Posso lasciartela sabato, se ti va bene.
Impossibilità	— Impossibile! — Non è possibile! — Non ci pensare neanche!
Tolleranza, permesso	— Per me va bene, ma sei sicuro che te la riporterà tutta intera? — Fa' pure, se vuoi. — Puoi farlo, se vuoi.

Dettare il testo che segue

Un prestito

Rodolfo deve accompagnare la famiglia al mare, a Rimini.

Ma la sua macchina è rotta, è dal meccanico e occorrono almeno dieci giorni per ripararla.

Si reca da Carlo per chiedergli in prestito, per la domenica, la macchina. Carlo è ben lieto di prestargliela, ma non domenica, perché domenica gli serve.

A Rodolfo anche sabato va bene. Partirà subito dopo pranzo e gliela riporterà sabato notte.

Più tardi, anche Cecilia, la moglie di Carlo, chiede al marito di lasciarle la macchina per sabato, perché desidera andare a trovare la madre che non vede da più di un mese.

Carlo risponde che è impossibile perché ha già promesso la macchina a Rodolfo e ormai non può più, dirgli di no.

Cecilia aggiunge che non è prudente prestargliela perché Rodolfo guida come un pazzo.

30. Leggere attentamente il testo che precede e ripetere a libro chiuso

31. Completare liberamente

1. Quando la macchina è rotta è necessario ______
2. Se ho problemi vado da un amico per ______
3. Ogni amico è ben lieto di ______
4. La moglie chiede al marito di ______
5. A lui non posso dirgli di no perché ______
6. Non è prudente prestare la macchina a ______ perché ______

la precedenza:
"Prego, dopo di Lei!"

32. Domande personalizzate

1. Lei ha una patente di guida?
2. Che cosa è necessario fare, nel Suo Paese, per ottenere la patente di guida?
3. A quanti anni è possibile avere la patente di guida?
4. Quale mezzo meccanico preferisce guidare e perché?
5. Guidare bene significa ...
6. Ha mai avuto qualche incidente stradale? Racconti.

33. Per la composizione scritta

1. Parli della Sua macchina.
2. Le vacanze che ha sempre sognato e non è riuscito/a ancora a realizzare.

ESERCIZI DI REIMPIEGO E CONTROLLO AP.20
TEST DI CONTROLLO PERIODICO AP.25

SISTEMA POLITICO DELL'ITALIA

Dal 1° gennaio 1948 l'ordinamento politico dell'Italia è regolato da un documento importante: la Costituzione della Repubblica Italiana in 139 articoli.

Leggiamo: Articolo 1°. L'Italia è una Repubblica democratica fondata sul lavoro. La sovranità appartiene al popolo...

Articolo 2°. La Repubblica riconosce e garantisce i diritti inviolabili dell'uomo,...

Articolo 3°. Tutti i Cittadini hanno pari dignità sociale e sono uguali davanti alla legge senza distinzione di sesso, di razza, di lingua, di religione, di opinioni politiche, di condizioni personali o sociali.

I principi che sono alla base della Costituzione Repubblicana sono: democrazia, libertà, uguaglianza.

Il Presidente della Repubblica è il Capo dello Stato, rappresenta l'unità nazionale e inoltre nomina il capo del Governo.

Roma. Piazza Colonna: al centro la colonna di Marco Aurelio e a sinistra il fianco di Palazzo Chigi.

Roma. Il Campidoglio. Sede del Municipio.

Roma. Piazza del Quirinale.
Residenza del Presidente della Repubblica.

Attraverso libere elezioni, il popolo vota per i vari partiti politici e sceglie così i suoi rappresentanti in Parlamento.

Il potere legislativo appartiene al Parlamento che comprende la Camera dei Deputati e il Senato.

Deputati e Senatori sono eletti ogni cinque anni.

Il potere esecutivo appartiene al Governo formato da un Presidente del Consiglio o Primo Ministro e dai Ministri che lui stesso sceglie fra i deputati e i senatori dei partiti della maggioranza.

IL SISTEMA POLITICO ITALIANO (DAL VIDEOCORSO)

Il 27 dicembre 1947 il Presidente della Repubblica Enrico De Nicola firma la Carta Costituzionale.
Il primo gennaio 1948 la Costituzione Italiana entra in vigore.
Comincia il periodo della democrazia e della libertà.
Rivediamo insieme i momenti più importanti che hanno segnato la storia dell'Italia moderna:

25 giugno 1946 – Roma, Palazzo di Montecitorio: si riunisce per la prima volta l'Assemblea Costituente.
22 dicembre 1947 – Umberto Terracini proclama l'approvazione della Costituzione.

Dopo due anni di lavoro, l'Italia ha la sua Carta Costituzionale.
De Gasperi, Capo del Governo, scrive: "La Costituzione è pronta, ora è necessario applicarla". Centotrentanove articoli più alcune disposizioni transitorie finali.
Le firme: Umberto Terracini, Alcide De Gasperi, Enrico De Nicola.
Il Presidente della Repubblica è il Capo dello Stato, rappresenta l'unità nazionale e nomina il Capo del Governo.
Attraverso libere elezioni, il popolo vota per i vari partiti politici e sceglie così i suoi rappresentanti in Parlamento.
Il Parlamento comprende la Camera dei Deputati e il Senato.
Deputati (Palazzo Montecitorio) e Senatori (Palazzo Madama) sono eletti ogni cinque anni.
Il Governo, che ha sede a Palazzo Chigi, ha il potere esecutivo. È formato da un Presidente del Consiglio, o Primo Ministro, e dai Ministri.

34. Questionario

1. Da quando la Repubblica Italiana ha una Costituzione?
2. Quanti sono gli articoli della Costituzione?
3. Ricorda i primi articoli?
4. Quali principi sono alla base della Costituzione della Repubblica Italiana?
5. Chi ha il potere legislativo?
6. Chi ha il potere esecutivo?
7. Chi è il Capo dello Stato?
8. Ogni quanti anni ci sono le elezioni politiche?

ESERCIZI DI REIMPIEGO E CONTROLLO

Unità (1-12)

1ª Unità

I. Dal *singolare* al *plurale*

1. La signora è italiana.
2. Tu sei straniero?
3. Il ragazzo è qui per lavoro.
4. La ragazza è qui in vacanza.
5. Lui è al bar.
6. Lei è a casa.
7. Di dove sei?
8. Dove è il ragazzo?
9. Dove è la borsa? AP.1
10. Chi sei? Sei americano?
11. Perché il ragazzo è qui?

II. Dal *plurale* al *singolare*

1. I ragazzi sono stranieri.
2. Le signore non sono italiane.
3. Noi siamo a scuola.
4. Voi siete a casa?
5. Dove sono i libri di italiano?
6. Chi sono? Sono stranieri?
7. Sono straniere le ragazze?
8. Perché siete qui?
9. Di dove siete?

2ª Unità

III. Dal *plurale* al *singolare*

1. Abbiamo (dei) documenti.
2. Hanno (dei) documenti?
3. Avete (delle) fotografie?
4. Ci sono (dei) fogli nella borsa.
5. Ci sono (delle) sedie libere?
6. I giornali sono italiani.
7. I professori sono giovani.
8. I ristoranti sono chiusi oggi.
9. Le trasmissioni sono finite.
10. Le signorine sono francesi.

AP.2

IV. Rispondere

1. Che cosa è? (documento)
2. Che cosa è? (carta di identità)
3. Chi è? (ragazza straniera)
4. Chi è? (ragazzo straniero)
5. Che cosa c'è sul tavolo? (documenti)
6. Che cosa c'è nella borsa? (libri)
7. Cosa c'è nel cassetto? (registro)
8. Che cosa c'è nel cassetto? (niente)
9. Dove è la signorina? (casa)
10. Dove sono i ragazzi? (bar)
11. Dove è Paolo (centro)

12. Dove sono Paolo e Maria? (discoteca) ______
13. Dove è il registro? (cassetto) ______
14. Dove sono i giornali? (borsa) ______
15. Lei, ha un documento? Sì, ______
16. Lei, ha una penna? No, ______
17. Hai la tessera? Sì, ______
18. Hai il giornale di oggi? Sì, ______
19. Avete il permesso di soggiorno? Sì, ______
20. Avete l'orario delle lezioni? No, ______

3ª Unità

AP.3

V. Dal *singolare* al *plurale* e dal *plurale* al *singolare*

1. Parlo con una studentessa inglese.
______
2. Sei in Italia per studiare l'italiano?
______
3. I ragazzi parlano con i professori di italiano.
______
4. La ragazza non ha il permesso di soggiorno.
______
5. Sul tavolo c'è il libro di Daniela.
______
6. Nella borsa ci sono i documenti delle signorine.
______
7. Sono delle importanti città italiane.
______
8. Preferisci fare l'esercizio a casa?
______
9. Sono studente universitario, frequento la facoltà di medicina.
______
10. Prendo l'autobus per il centro.
______
11. L'amico di Valentina parte domani.
______
12. Stasera resto a casa per preparare la lezione.
______

VI. Rispondere

1. Dove mangiate oggi? ______________ al ristorante.
2. Chi aspettate ora? ______________ gli amici.
3. Che cosa leggi ogni giorno? ______________ un giornale italiano.
4. A chi scrivi in questo momento? ______________ al professore.
5. Quando partono loro? ______________ domani.
6. Perché apri la finestra? ______________ perché è caldo.
7. Quando finisci di studiare? ______________ nel pomeriggio.
8. Che cosa preferisci fare? ______________ guardare la TV.
9. Che cosa c'è sul tavolo? ______________ nulla.
10. Chi c'è in classe? ______________ molti studenti.

AP.4

11. Hai il biglietto per l'autobus? Sì, ______________
12. Hai il telefono nel tuo appartamento? No, ______________

4ª Unità

VII. Scegliere fra *a/al/alla*

1. Andiamo ______________ scuola.
2. Va ______________ mensa.
3. Vanno ______________ cinema.
4. Vai ______________ centro?
5. Va ______________ casa.
6. Andate ______________ stazione.
7. Vado ______________ bar.
8. Vado ______________ letto.
9. Andiamo ______________ ristorante.
10. Andate ______________ teatro?
11. Sono ______________ posta.
12. È ______________ mare.
13. Siamo ______________ lezione.
14. Vanno ______________ lago.
15. Vai ______________ concerto?

VIII. Scegliere fra *in/a/da*

1. Vado ________ banca.
2. Vai ________ Zurigo.
3. Va ________ Messico.
4. Andate ________ Maria?
5. Vanno ________ Giappone.
6. Andiamo ________ farmacia.
7. Vado ________ Firenze.
8. Vai ________ America.
9. Vanno ________ mangiare.
10. Vai ________ Giovanni?
11. Andiamo ________ lavanderia.
12. Andate ________ piscina.
13. Vado ________ segreteria.
14. Va ________ studiare.
15. Andiamo ________ pizzeria.

IX. Completare con i *possessivi*

AP.5 ___

1. I tuoi amici vanno alla festa di Maria; vanno alla ________ festa.
2. Lo studente vende la macchina; vende la ________ macchina.
3. Gli studenti comprano i libri d'italiano; ora gli studenti hanno i ________ libri d'italiano.
4. Prendo dalla borsa il libro di lettura; prendo dalla borsa il ________ libro di lettura.
5. Metto i documenti nella borsa ed esco; metto nella borsa i ________ documenti.
6. Lo studente e la studentessa hanno lo stesso cognome; Porter è il ________ cognome.
7. Mary e Peter hanno due amici italiani; Luciano e Paolo sono i ________ amici.
8. Di chi sono gli occhiali sul tavolo? Sono dello studente americano; sono i ________.
9. Se non hai la tua penna puoi scrivere con la penna di Marco; puoi scrivere con la ________ penna.
10. Signorina, desidero leggere la composizione che ha scritto ieri; desidero leggere la ________ composizione.
11. La borsa della signorina è bella; è bella la ________ borsa.
12. Signore, lo studente non ha il suo libro; può prestare allo studente il ________?
13. Dalla finestra della mia camera vedo la casa dei signori Bianchi; vedo la ________ casa.

14. Come si chiamano i tuoi genitori?
__________ padre si chiama Mario; __________ madre si chiama Ida;
Mario e Ida sono i __________ genitori.
15. Hai figli?
Sì, ho un figlio; Franco è __________ figlio.
16. Quante sorelle hai?
Ho due sorelle; Francesca e Giuliana sono le __________ sorelle.
17. Come si chiama la nonna di Giovanni?
__________ nonna si chiama Giuseppa.
18. Con chi va al cinema Paolo?
Ci va con i __________ zii.
19. Chi è Maria?
Maria è la sorella di Antonio; è __________ sorella.
20. Chi è Luciano?
È il cugino di Antonio e Paolo; è il __________ cugino.

AP.6

5ª Unità

X. Scegliere fra le preposizioni *da/dal/dalla/dai/dagli/dalle/dall'/dallo*

1. Vengo __________ Messico.
2. Vieni __________ Cesarino con me?
3. Viene __________ Australia.
4. Vengo __________ Giappone.
5. Viene __________ Londra.
6. Venite __________ Stati Uniti?
7. Viene __________ Zaïre.
8. Vengo __________ Maria con voi.
9. Viene __________ Francia.
10. Vengono __________ Stato dell'Ohio.
11. Venite __________ Filippine.
12. Veniamo __________ Costa d'Avorio.
13. Viene __________ Manila.
14. Vengono __________ Parigi.
15. Vengo __________ Belgio.
16. Vieni __________ Olanda.

XI. Scegliere la *forma verbale* giusta

1. Paolo ______________ a visitare il museo etrusco. (è andata, ha andato, è andato)
2. I tuoi amici ______________ in aereo. (hanno venuto, sono venuti, hanno venuti)
3. Il nostro Paese ______________ molto per quella ricerca. (ha speso, è speso, hai speso)
4. Loro ______________ una trasmissione interessante alla radio. (hanno ascoltata, sono ascoltati, hanno ascoltato)
5. Gli scienziati ______________ una ricerca lunga e difficile. (sono cominciato, hanno cominciato, sono cominciati)
6. Noi ______________ in città per il fine settimana. (siamo rimaste, abbiamo rimasto, siete rimasti)
7. La segretaria ______________ la mia tessera. (è scritta, ha scritto, ha scritta)
8. Gli studenti ______________ un lungo viaggio in treno. (sono fatti, sono fatto, hanno fatto)
9. I turisti ______________ fino in cima alla montagna. (hanno salito, sono salito, sono saliti) AP.7
10. Io ______________ la casa in campagna. (sono venduto, ho venduto, abbiamo venduto)
11. Voi non ______________ di scrivere la domanda? (hanno finito, siete finiti, avete finito)
12. Noi ______________ il vostro articolo. (abbiamo letto, siamo letti, abbiamo letti)
13. I vostri nonni ______________ di compiere il viaggio in aereo. (sono deciso, hanno deciso, hanno decisi)
14. Loro non ______________ presenti alla conferenza. (hanno stato, hanno stati, sono stati)
15. Il signor Davies ______________ una bella vacanza in Sicilia. (è trascorso, ha trascorso, hai trascorso)
16. Si sente male, perché ______________ troppo. (ha bevuto, è bevuto, è bevuta)
17. Siamo qui, non ______________ più ______________. (abbiamo partito, abbiamo partiti, siamo partite)
18. Siamo arrabbiati con voi, perché non ______________ la verità. (siete detti, avete detti, avete detto)
19. È partita, non ______________ bene in quest'albergo. (ha stata, è stata, ha stato)
20. Tua zia ______________ un tè ai miei amici. (è offerta, ha offerta, ha offerto)

XII. Dal *singolare* al *plurale* o dal *plurale* al *singolare*

1. Lo scienziato ha continuato la sua ricerca.
2. Gli attori hanno interrotto gli spettacoli.
3. Questo è un albero molto raro.
4. È passato un autobus molto affollato.
5. Questo è uno sport molto popolare in Italia.
6. Sono tornato a casa, il cinema è chiuso.
7. Abbiamo visto delle vecchie foto di famiglia.
8. È un'ipotesi che non ho preso in considerazione.
9. Loro prendono sempre molti caffè al giorno.
10. La moto che hai comprato è giapponese.
11. Abbiamo finito di preparare le nostre tesi.
12. Ho comprato una serie rara di francobolli.
13. La moglie di tuo cugino è una donna affascinante.
14. Oggi riuscirò senz'altro a completare l'analisi.
15. Dall'unione di questa sostanza con l'acqua si sviluppa un gas pericoloso per la salute.

AP.8

6ª Unità

XIII. Completare con il *futuro semplice*

1. Ho finito i soldi; fra poco __________ per andare in banca. (uscire)
2. Non abbiamo più notizie di Carlo; domani __________ a casa sua. (telefonare)
3. Luigi __________ subito un espresso. (mandare)
4. (Voi) __________ a passare il fine settimana da noi? (venire)
5. (Tu) __________ partire prima della fine del mese. (potere)
6. (Io) __________ una buona pensione per tuo fratello. (cercare)
7. (Noi) __________ in una trattoria vicino a scuola. (mangiare)
8. (Voi) __________ parlare con la segretaria per questa cosa. (dovere)

9. (Tu) ____________ con una famiglia che noi conosciamo bene. (abitare)
10. (Noi) ____________ visitare molte città italiane. (volere)
11. (Voi) ____________ alla fine del mese. (partire)
12. (Voi) ____________ ancora qui il mese prossimo? (essere)
13. (Noi) ____________ a casa vostra alle nove. (arrivare)
14. (Io) ____________ presto un nuovo lavoro. (cominciare)
15. (Lui) domani ____________ senz'altro chi ____________ al convegno. (sapere/partecipare)
16. (Loro) non ____________ a trovare la casa di Andrea. (riuscire)
17. (Io), dopo questa notizia, non ____________ tutta la notte. (dormire)
18. (Loro) ____________ la casa che hanno in montagna. (vendere)
19. (Io) ____________ tutto il mio denaro in banca. (tenere)
20. (Noi) ____________ questa bottiglia alla tua salute. (bere)

AP.9

XIV. Rispondere con il *futuro anteriore*

1. Quando telefonerai? — Appena ____________ (arrivare)
2. Quando verrete? — Dopo che ____________ i nostri affari. (sistemare)
3. Quando comprerai la macchina?
   — Appena ____________ un aumento di stipendio. (avere)
4. Quando mi scriverai?
   — Appena ____________ il risultato dell'esame. (sapere)
5. Quando uscirete? - Dopo che ____________ il nostro lavoro. (terminare)
6. Quando partirà Lorenzo?
   — Quando sua sorella ____________ gli esami. (finire)
7. Quando verranno i tuoi?
   — Appena ____________ un appartamento per loro. (trovare)
8. Quando andrai in Grecia?
   — Subito dopo che le lezioni ____________. (finire)
9. Verrai a trovarci?
   — Sì, appena ____________ il bel tempo. (tornare)
10. Mi scriverai?
    — No, se prima non mi ____________ tu. (scrivere)

11. Inviterai i tuoi amici? - Sì, appena ________________ casa. (cambiare)
12. Comunicherete subito i risultati? — Sì, appena ________________ le ricerche. (completare)
13. Chiamerai un taxi? - Sì, appena ________________ le valigie. (fare)
14. Tutto tornerà come prima? — Sì dopo che lei ________________ scusa. (chiedere)
15. Andrai al centro? - Sì, dopo che ________________. (pranzare)

7ª Unità

XV. Completare con i *verbi riflessivi* e *pronominali*

AP.10

1. Vengo con voi. A casa, da solo, ________________. (annoiarsi)
2. Vengo con voi in discoteca, perché voglio ________________. (divertirsi)
3. Ha preso l'ombrello, perché ha paura di ________________. (bagnarsi)
4. Sei senza ombrello; se pioverà, ________________. (bagnarsi)
5. Sono tornato a casa tardi ieri sera, e mio padre ________________. (arrabbiarsi)
6. Carico la sveglia, perché devo ________________ presto. (svegliarsi)
7. Ho molto sonno. Vado subito a letto. Stamattina ________________ molto presto. (svegliarsi)
8. Domani partiamo per il mare; dobbiamo ________________ alle sei. (svegliarsi)
9. A letto leggo un po', quando non riesco ad ________________. (addormentarsi)
10. Il nonno dorme sulla poltrona, ________________ davanti al televisore. (addormentarsi)
11. Non potremo rientrare in casa, perché ________________ di prendere la chiave. (dimenticarsi)
12. Scusami, ti lascio, poco fa ________________ che ho un appuntamento importante. (ricordarsi)

13. Come ti chiami? Non ______ il tuo nome. (ricordarsi)
14. Tu non sai come ______ io? (chiamarsi)
15. Giovanna ______ in fretta ed è uscita. (vestirsi)
16. Puoi scusare il mio ritardo? Non ho sentito la sveglia e ______ tardi. (alzarsi)
17. Scusa, Carla, possiamo andare al cinema domani? Oggi non ______ bene. (sentirsi)
18. In questi giorni studiamo molto: dobbiamo ______ bene per gli esami. (prepararsi)
19. E tu che fai; Non studi? Non ______ per l'esame? (prepararsi)
20. Siamo contenti, perché le vacanze ______. (avvicinarsi)

AP.11

XVI. Trovare le frasi sbagliate e correggerle

1. Non mi vesto mai in fretta. ______
2. Non mai si è arrabbiato. ______
3. Nessuno non incontro. ______
4. Non voglio niente. ______
5. Non ho nessuno visto. ______
6. Non voglio nessuno vedere. ______
7. Ho accompagnato un amico alla stazione. ______
8. Ti ci sei trovato bene? ______
9. Chi vi accompagneranno? ______
10. Non incontro mai nessuno. ______
11. Maria non si è mai mosso da qui. ______
12. Non ci siamo mai divertiti così. ______
13. Non ha mai portato nessuno in moto. ______
14. Non ho nulla comprato ieri. ______
15. È mai andata in America. ______

(Unità 1-12) ESERCIZI DI REIMPIEGO E CONTROLLO

8ª Unità

XVII. Per rispondere usare i pronomi *lo, la, li, le, ne* e l'avverbio *ci*

AP.12

1. Vedi il libro? Sì, ____________
2. Vuole, Lei, la penna? Sì, ____________
3. Comprerai le riviste? Sì, ____________
4. Conoscete gli studenti? Sì, ____________
5. Volete conoscere la signorina? Sì, ____________
6. Saluterà il Suo amico? Sì, ____________
7. Devono, Loro, fare gli esercizi? No, ____________
8. Mangiate le paste a colazione? No, ____________
9. Guardate la televisione dopo cena? Sì, ____________
10. Può capire, Lei, un giornale italiano? Sì, ____________
11. Gli studenti comprano il giornale? Sì, ____________
12. Potete chiudere le finestre? No, ____________
13. Volete ascoltare i miei dischi? Sì, ____________
14. Quanti caffè beve al giorno? ____________uno.
15. Quanti caffè beve al giorno? ____________molti.
16. Quanti caffè beve al giorno? ____________nessuno.
17. Quante riviste compra ogni mese? ____________nessuna.
18. Ci sono molti studenti nell'aula? Sì, ____________
19. Quante signorine ci sono nell'aula? ____________una.
20. Quante signorine ci sono nell'aula? ____________nessuna.
21. Quante signorine ci sono nell'aula? ____________molte.
22. Quante città italiane vuole visitare? ____________molte.
23. Quante città italiane vuole visitare? ____________nessuna.
24. Quanti studenti conosci nell'aula? ____________tutti.
25. Quante frasi devi fare? ____________tante.
26. Quante frasi devi fare? ____________tutte.
27. Quante lingue straniere sai parlare? ____________

XVIII. Rispondere alle domande (usare i *pronomi diretti* e *'ne'*)

1. Vuoi vedere le fotografie? – Sì, ______
2. Preferisci vedere adesso le fotografie? – Sì, ______
3. Sai guidare la macchina? – No, ______
4. Vuoi imparare a guidare la macchina? – Sì, ______
5. Vuole leggere questo libro? – Sì, ______
6. Vuole leggerlo adesso? – No, ______
7. Preferisce portare questo libro a casa? – Sì, ______
8. Devi comprare i quaderni? – Sì, ______
9. Quanti quaderni devi comprare? – ______ due.
10. Devi fare gli esercizi? – Sì, ______
11. Quanti esercizi devi fare? – ______ molti.
12. Quante sigarette fumi la mattina? – ______ nessuna.
13. Luigi, mi ascolti? – Sì, ______
14. Signorina, mi capisce? – No, ______ AP.13
15. Voi, laggiù, mi capite? – Sì, ______
16. Mi aiuta, per favore? – Sì, ______
17. Mi aiuti, per piacere? – Sì, ______
18. Ci aiutate? – Sì, ______
19. Ti disturbo se fumo? – No, ______
20. Signora, La disturbo se fumo? – Sì, ______
21. Chi vuoi? Vuoi me? – Sì, ______
22. Chi volete? Volete noi? – Sì, ______
23. Chi chiami? La signorina? – Sì, ______
24. Chi chiamate? Il ragazzo? – Sì, ______
25. Chi inviti? Me? – Sì, ______

XIX. Per completare le frasi, usare i pronomi *lo, la, li, le, ne* e l'avverbio di luogo *ci*

1. Compro il giornale e ______ leggo.
2. Trovo uno sbaglio e ______ correggo.
3. Ho perso gli occhiali e non ______ ritrovo.
4. Vedo spesso quegli studenti, ma non ______ conosco.
5. Incontro un'amica e ______ invito al bar.

6. Scrivo una lettera e __________ spedisco subito.
7. Faccio il pacco e __________ mando alla zia.
8. Compro spesso le riviste, ma non __________ leggo.
9. Belle queste mele! Se permetti, __________ mangio una.
10. Interessanti questi libri! Se permetti, __________ prendo uno e __________ leggo.
11. Simpatiche le tue amiche! __________ invito tutte alla mia festa.
12. Deve essere buona questa pizza. Posso assaggiar __________ un pezzetto?
13. Il formaggio è un etto e mezzo. __________ tolgo un po' o __________ prende tutto?
14. Metto i fazzoletti nella valigia, _____ _____ metto cinque.
15. Adesso metto il sugo sulla pasta, ma non _____ _____ metto tutto, __________ lascio un po' per domani.
16. Non voglio lo zucchero nel caffè, non _____ _____ voglio, perché preferisco il caffè amaro.
17. Accompagno la nonna in chiesa, _____ _____ accompagno quasi tutti i giorni.

AP.14

18. Non scriverò questa notizia nella lettera, non _____ _____ scriverò sicuramente.
19. Non devi portare quelle persone a casa mia, non devi portar__________.
20. Voglio portare i tuoi nipotini al Luna Park, voglio portar__________ oggi stesso.

9ª Unità

XX. Con l'aiuto dei simboli, scegliere la frase giusta

1.

(a) Non mangiavo, non ho avuto fame.
(b) Non mangiavo, non avevo avuto fame.
(c) Non ho mangiato, non avevo fame.

2.
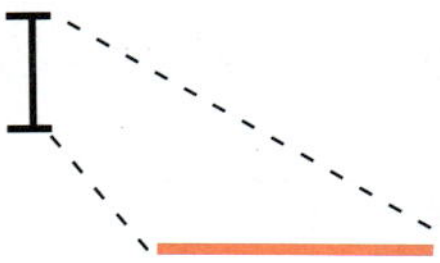

(a) Ero stanco, avevo corso molto.
(b) Ero stanco, correvo molto.
(c) Ero stato stanco, correvo molto.

3.

(a) Ieri mattina studiavo un po', leggevo il giornale e poi scrivevo una lettera.

(b) Ieri mattina ho studiato un po', ho letto il giornale e poi ho scritto una lettera.

(c) Ieri mattina studiavo un po', ho letto il giornale e poi scrivevo una lettera.

4.

(a) Mentre ho scritto, ho ascoltato la radio.

(b) Mentre ho scritto, ascoltavo la radio.

(c) Mentre scrivevo, ascoltavo la radio.

5.

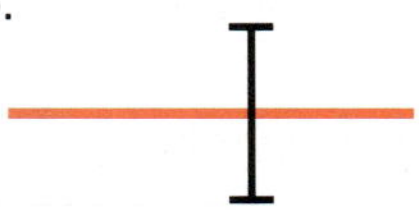

(a) Tu hai fumato, quando sono entrato.

(b) Tu fumavi, quando sono entrato.

(c) Tu hai fumato, quando entravo.

6.

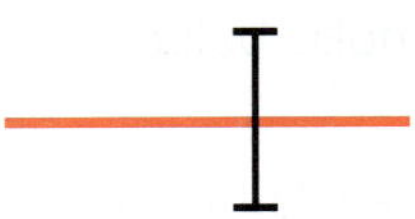

(a) Quando sono arrivato a casa sua, lui ha guardato la televisione.

(b) Quando arrivavo a casa sua, lui era in salotto.

(c) Quando sono arrivato a casa sua, lui era in salotto.

7.

(a) Da studente, ogni due mesi tornavo a trovare la famiglia.

(b) Da studente, ogni due mesi sono tornati a trovare la famiglia.

(c) Da studente, ogni due mesi sono tornato a trovare la famiglia.

8.

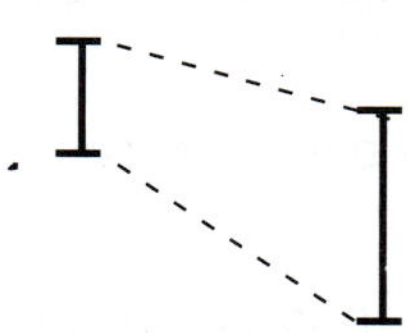

(a) Ho preso quel libro perché non avevo mai letto niente di quell'autore.

(b) Ho preso quel libro perché non leggevo mai niente di quell'autore.

(c) Prendevo quel libro perché non avevo mai letto niente di quell'autore.

9. 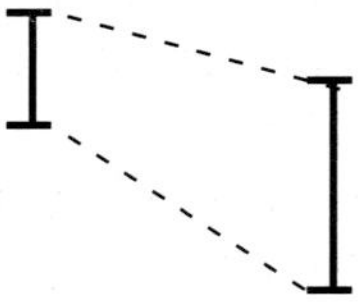

(a) Ho letto il giornale che mi avevi comprato.

(b) Ho letto il giornale che mi compravi.

(c) Ho letto il giornale che mi hai comprato.

10. 

(a) A Roma sei venuto ogni giorno a trovarmi.

(b) A Roma eri venuto ogni giorno a trovarmi.

(c) A Roma venivi ogni giorno a trovarmi.

XXI. Scegliere la frase giusta.

AP.16

1. (a) Ho tanti amici. (b) Ho tanto amici. (c) Ho tanti amichi.
2. (a) Quella ragazza è molta bella. (b) Quella ragazza è molto bella. (c) Quel ragazza è molto bella.
3. (a) Abbiamo lavorato molti. (b) Abbiamo lavorati molto. (c) Abbiamo lavorato molto.
4. (a) Ha poco soldi. (b) Ha pochi soldi. (c) Ha poci soldi.
5. (a) Voglio comprare quel bel libro. (b) Voglio comprare quel bello libro. (c) Voglio comprare quello bel libro.
6. (a) Non ho visto quel spettacolo. (b) Non ho visto quello spettacolo. (c) Non sono visto quello spettacolo.
7. (a) Non riesco a capire quegli strani segni. (b) Non riesco a capire quei strani segni. (c) Non riesco a capire quegli segni strani.
8. (a) Mi ha mostrato quei stupendi quadri. (b) Mi ha mostrato quegli quadri stupendi. (c) Mi ha mostrato quegli stupendi quadri.
9. (a) Hai fatto veramente un bell'esercizio. (b) Hai fatto un bel esercizio. (c) Hai fatto veramente un esercizio bel.
10. (a) Conosco molto ragazze italiane. (b) Conosco molte ragazze italiane. (c) So molte ragazze italiane.
11. (a) Conosci guidare un aereo? (b) Sai guidare un aereo? (c) Sai guidare un'aereo?

12. (a) Angela, sai perché non ti ho telefonato? (b) Angela, sai perché non ti ho telefonata? (c) Angela, conosci perché non ti ho telefonato?
13. (a) Sai come si chiama quel bel ragazzo? (b) Sai come si chiama quello bel ragazzo? (c) Conosci come si chiama quel bel ragazzo?
14. (a) So che Luisa era molta contenta. (b) So che Luisa era molto contenta. (c) Conosco che Luisa era molto contenta.
15. (a) Conoscono parlare molto bene l'inglese. (b) Sanno parlare molto bene l'inglese. (c) Sanno parlare molte bene l'inglese.

XXII. Completare i due dialoghi con i tempi seguenti: *passato prossimo, imperfetto* e *trapassato prossimo*

1. Ieri, Paolo ha telefonato a Giorgio, ma Giorgio non ha risposto al telefono.

AP.17

Paolo - Ieri ti ______________. (telefonare)
Giorgio - A che ora ______________? (telefonare)
Paolo - ______________ alle tre. (telefonare)
Giorgio - A quell'ora ______________ in casa. (essere)
Paolo - Perché non ______________? (rispondere)
Giorgio - Perché ______________. (dormire)
Paolo - Tua sorella ______________ in casa? (essere)
Giorgio - No, non c'______________: ______________ per spedire una lettera. (essere-uscire)

2. Paolo è andato alla stazione per prendere il treno per Firenze, ma non è partito.

Giorgio - ______________ a Firenze, ieri? (andare)
Paolo - No, non ci ______________ più ______________. (andare)
Giorgio - Ma quando ti ______________, (incontrare)
tu ______________ una valigia; dove (avere)
______________? (andare)
Paolo - ______________ alla stazione. (andare)
Giorgio - Allora, perché non ______________ a Firenze? (andare)
Paolo - Perché quando ______________ (arrivare)
alla stazione, il treno per Firenze non
c'______________ più. (essere)
Giorgio - Come mai?
Paolo - ______________ già ______________ cinque minuti prima. (partire)

(Unità 1-12) ESERCIZI DI REIMPIEGO E CONTROLLO

XXIII. Completare il brano con i tempi seguenti: *passato prossimo, imperfetto e trapassato prossimo* (Es. quando *ho sentito* il campanello della porta, *parlavo* al telefono con Anna e le *davo* notizie sul mio recente viaggio in Germania)

Quando ______________ il campanello della porta,	(sentire)
______________ al telefono con Anna e le __________	(parlare-dare)
__________ notizie sul mio recente viaggio in Germania.	
______________ in fretta la mia amica e __________	(salutare-andare)
________ ad aprire. ______________ Antonio ed ______	(essere-avere)
__________ con sé i dischi che ______________	(comprare)
alcuni giorni prima e dei quali mi ______________ tanto.	(parlare)
L'______________ accomodare in salotto e __________	(fare-mettersi)
__________ a leggere i titoli dei pezzi musicali. Mentre	(girare)
______________ fra le mani quelle ultime novità,	(sentire)
______________ puzza di gas e allora __________	(ricordarsi)
__________ che in cucina, sul fuoco, c'______________	(essere)
la macchinetta del caffè che ______________ prima di telefonare ad Anna.	(preparare)
______________ i dischi sul tavolo, ______________	(lasciare-correre)
in cucina, ______________ il gas; il caffè nella	(chiudere)
macchinetta non c'__________ più: ______________	(essere-bollire)
e ______________, ______________ sul fornello	(ribollire-versarsi)
e ______________ la fiamma.	(spegnere)

AP.18

10ª Unità

XXIV. Per rispondere alle domande, usare i pronomi: *lo, la, li, le, ne, mi, ti, ci*

1. Hai comprato il giornale? Sì, ______________
2. Hai corretto gli sbagli? No, ______________
3. Hai incontrato Maria? Sì, ______________
4. Hai invitato i tuoi amici? Sì, ______________
5. Hai ritrovato gli occhiali? No, ______________
6. Hai conosciuto le signorine norvegesi? Sì, ______________
7. Hai già scritto la lettera? No, ______________
8. Avete fatto il pacco? No, ______________
9. Hai capito questa frase? Sì, ______________
10. Hai già comprato le cartoline? No, ______________

11. Quante cartoline hai comprato? a) ______ una
b) ______ cinque.

12. Hai venduto i quadri? Sì, ______

13. Quanti ne hai venduti? a) ______ uno
b) ______ molti
c) ______ tutti.

14. Luisa, Maria ti ha invitata? No, ______

15. Amici, chi vi ha aiutato? ______ Carlo.

16. Signorine, chi vi ha accompagnato/e? ______ un signore straniero.

17. Signora, chi L'ha accompagnata? ______ nessuno.

18. Signor Presidente, L'ho disturbato/a? No, ______

19. Roberto, chi ti ha chiamato? ______ il capufficio.

20. Maria, i tuoi ti hanno capito/a? No, ______

11ª Unità AP.19

XXV. Rispondere alle domande e usare per il primo verbo il *condizionale semplice* o *composto*

1. Perché non compri quel quadro? — Lo ______ ______, ma ______ decisamente troppo caro. (comprare) (essere)
2. Perché non hai comprato quel quadro? — Lo ______ ______, ma ______ decisamente troppo caro. (comprare) (essere)
3. Perché non vieni al cinema con noi? — Ci ______ ______, ma ______ assolutamente finire questo lavoro. (venire) (dovere)
4. Perché non sei venuto al cinema con noi? — Ci ______ ______, ma ______ assolutamente finire un lavoro urgente. (venire) (dovere)
5. Mi accompagni stasera a teatro? — Ti ci ______, ma ______ un forte mal di denti. (accompagnare) (avere)
6. L'hai accompagnata ieri a teatro? — Ce l' ______ ______ volentieri, ma ______ un forte mal di denti. (accompagnare) (avere)
7. Perché non porti le lenti a contatto? — Le ______ ______, ma non le ______ (portare) (sopportare)

8. Perché non hai messo le lenti a contatto? – Le ______ (mettere)
______ ma non le ______. (sopportare)
9. Se paghi troppo d'affitto, perché non cambi camera?
– La ______, (cambiare)
ma non ______ allontanarmi dal centro. (volere)
10. Se pagavi troppo d'affitto, perché non hai cambiato stanza? – L' ______ volentieri, (cambiare)
ma non ______ allontanarmi dal centro. (volere)

XXVI. Completare (il primo verbo va messo al *condizionale*)

AP.20

1. Adesso, con questo bel tempo, (io) ______ (uscire)
ma ______ tanto da fare. (avere)
2. L'anno scorso, Giulio ______ ______ al (venire)
mare con noi, ma ______ ______ proprio il (ammalarsi)
giorno della partenza.
3. Caro Mario, questa è la mia prima lettera. Ti ______ (scrivere)
______ prima, ma non ______ (riuscire)
a trovare il tuo indirizzo.
4. Mio fratello è medico, ma ______ diventare (volere)
ingegnere.
5 Non mi ha aiutato, ma ______ farlo. (potere)
6. Quell'articolo era interessante. Lo ______ (leggere)
volentieri, ma ______ troppe parole che non (esserci-conoscere)
______.
7. Dovevo fare una traduzione; ______ bisogno (avere)
del vocabolario, ma non ce lo ______ perché (avere)
l'______ a Franco. (prestare)

12ª Unità

XXVII. Rispondere con i *pronomi*

1. Mi offri vino o birra? – ______ offro birra.
2. Ci offri vino o birra? – ______ offro birra.
3. Prepari a Carlo pasta o riso? – ______ preparo del riso.

4. Prepari a Luisa tè o camomilla? – __________ preparo un tè.

5. Scriverai ai tuoi? – Sì, __________ scriverò.
   – Sì, scriverò __________.

6. Parlerai a Luisa? – No, non __________ parlerò.

7. Ci scriverai? – Sì, __________ scriverò presto.

8. Quando telefoni a Roberto? – __________ telefono stasera.

9. Quando telefoni a Rosa? – __________ telefono quando posso.

10. Mi offri una birra? – Sì, __________ offro volentieri.

11. Ci prepari un caffè? – Sì, __________ preparo subito.

12. Quando spedisci la lettera ai tuoi? – __________ spedisco domattina.

13. Spedisci molte cartoline a Lina? – No, non __________ spedisco molte. AP.21

14. Scrivi molte lettere al fidanzato? – Certo, __________ scrivo una o due alla settimana.

15. Quando mi comunicherai i risultati? – __________ comunicherò appena li conoscerò.

16. Mi invierai presto quei libri? – Sì, __________ invierò per via aerea.

17. Le comprerai quella camicetta? – Sì, __________ cercherò in una boutique.

18. Giovanni ti dice quello che fa? – No, non __________ dice mai.

19. Dirai a Cristina che devo parlarle? – Sì, __________ dirò senz'altro.

20. Quante lettere vi scrive vostro figlio? – Di solito __________ scrive una al mese.

21. Ti fa prendere molte medicine il medico? – Sì, __________ fa prendere proprio tante.

TEST DI CONTROLLO PERIODICO

(Unità 1-7)

1. (fino alla 7ª unità)

A. Volgere al plurale

1. La mia aula è piccola.
2. La penna della signorina è sul banco.
3. Il tuo giornale è vecchio.
4. La tua amica è simpatica.
5. Mio zio partirà domani per Firenze.
6. Questo specchio è molto grande.
7. Tuo padre è ancora giovane.
8. Sono arrivato ieri in questa città con mio zio.
9. La signorina francese è uscita poco fa dalla stanza.
10. La tua città è piccola.
11. Quest'orologio non è d'oro.
12. La borsa della signorina è di pelle.
13. La settimana passata ho visto un film interessante.
14. Ogni mattina devo alzarmi alle otto.
15. Ieri sera sono stata al cinema con il mio amico.

B. Volgere al passato e al futuro

1. Vado in biblioteca per cercare un libro.
2. Gli studenti vengono a cena a casa mia.
3. La signorina esce ogni sera con i suoi amici.
4. Claudio conosce una famiglia molto simpatica.
5. Prendi una sigaretta e fumi.
6. Prendiamo il libro e leggiamo.
7. Compro una cartolina e scrivo a mia madre.
8. Torno subito a casa e faccio l'esercizio.
9. Lo studente rimane in questa città due mesi.
10. Spengo la televisione e vado a letto.
11. Che cosa fai oggi?

12. Vai al teatro?
13. A chi telefona?
14. Quando partono Giuliano e Giorgio?
15. Quando arriva la tua amica?

C. Rispondere

1. Dove vai? (*Università*)
2. Che cosa hai visto ieri sera? (*uno spettacolo*)
3. Dove è il tuo libro? (*banco*)
4. Di che colore è la tua stanza? (*bianca*)
5. A che ora parte il treno per Firenze? (*nove*)

AP.24

6. Da dove viene il Suo amico? (*Germania*)
7. Che cosa c'è nel vaso? (*i fiori*)
8. Chi c'è nella stanza? (*gli studenti*)
9. Da chi va, Lei, a comprare il giornale? (*giornalaio*)
10. A che ora si alza, signorina? (*otto*)
11. A che ora si alza la sua amica? (*otto*)
12. Vi siete divertiti ieri sera a casa di Giorgio? (*Sì,...*)
13. Si sono divertite le Sue amiche? (*Sì,...*)
14. Quando partirai? (*un mese*)
15. Quando è arrivato, Lei, in questa citta? (*un mese* ______)
16. Da quanto tempo Lei è qui? (*tre settimane*)
17. A che ora devi svegliarti? (*cinque*)
18. Ti sei ricordata di prendere la chiave? (*No,...*)
19. Come si trova in questa città? (*bene*)

2. (fino alla 12ª unità)

A. Volgere al plurale

1. Mio fratello è andato al bar e tornerà fra poco.
2. Ho visto una bella borsa di pelle e voglio comprarla.
3. Stamattina mi sono svegliata tardi e ho perso l'autobus delle 8.15.
4. Non sono mai stato in questo negozio.
5. Stamattina ho mangiato la prima ciliegia.
6. Ieri la banca era chiusa.
7. La sera, in questa strada c'è sempre molta gente che passeggia.
8. Se non leggo non posso addormentarmi.
9. Verrei volentieri con te, ma ho da fare.
10. La signorina inglese ha studiato il francese nel suo Paese.
11. La mia amica francese è partita ieri e mi ha promesso di scrivermi.
12. Non riesco a risolvere questo problema.
13. Questo ragazzo ha girato mezzo mondo.
14. Non mi sono ricordato di spedire la lettera.
15. Non è potuta entrare in casa, perché non aveva la chiave.
16. Questo è il mio poeta preferito.
17. Mio zio mi ha fatto un bel regalo.

B. Volgere in una situazione passata

1. Verrei volentieri, ma sono molto occupato.
2. Maria non viene con voi, perché ha molto da fare.
3. Dopo il corso andrò per una settimana a Parigi, poi tornerò in Italia.
4. Di solito mi addormento sempre davanti al televisore.
5. Quando sono in compagnia, fumo e bevo molto.
6. Non compro il disco, non ho più soldi, li ho finiti tutti.
7. Non gli do il mio vocabolario, non ce l'ho, l'ho prestato.
8. Non bevo più, perché ho già bevuto troppo.
9. È già mezzanotte; leggerei ancora un po', ma sono molto stanco e ho molto sonno.

10. Non compro il giornale, perché l'ha già comprato mio fratello.
11. Mario si alza subito, si veste in fretta e va da lei.
12. Paola fuma una sigaretta e entra nell'aula.
13. Entro in biblioteca, vedo il mio amico Giovanni che cerca un libro e altri studenti che leggono e scrivono.
14. Ogni volta che vado in biblioteca una signorina molto gentile mi aiuta a trovare i libri.
15. Quando devo fare dei viaggi, controllo sempre se tutto funziona nella mia macchina.

C. Rispondere con i pronomi e l'avverbio "ci"

1. Come ti trovi in questa città?
2. Conosci la signorina? (*No,...*)
AP.26
3. Vorresti conoscere la signorina? (*Sì,...*)
4. Puoi farmi un favore? (*Sì,...*)
5. Mi accompagni alla stazione? (*Sì,...*)
6. Dirai agli studenti che domani non è festa? (*Sì,...*)
7. Puoi prestarmi diecimila lire? (*No,...*)
8. Può prestarmi la Sua macchina fotografica? (*Sì,...*)
9. Indichi la strada alla signorina? (*Sì,...*)
10. Bevete la birra? (*No,...*)
11. Quante fotografie farai? (*quindici*)
12. Quanti pacchetti di sigarette compri? (*uno*)
13. Fai riparare la macchina? (*No,...*)
14. Leggerai questa poesia agli studenti? (*Sì,...*)
15. Maria ti restituirà la racchetta da tennis? (*Sì,...*)
16. Il professore vi spiegherà questa lezione? (*Sì,...*)
17. Le piace il vino? (*No,...*)
18. Ti è piaciuta la partita di calcio? (*No,...*)
19. È piaciuto al Suo amico quel quadro? (*Sì,...*)
20. Piacerebbe alla Sua amica venire alla festa? (*Sì,...*)

INDICE ALFABETICO

INDICE ALFABETICO

INDICE ALFABETICO

(I = 1° volume)
(II = 2° volume)